Timon Schroeter

Die Strafe als Erziehungs-Mittel

Timon Schroeter

Die Strafe als Erziehungs-Mittel

ISBN/EAN: 9783743440906

Hergestellt in Europa, USA, Kanada, Australien, Japan

Cover: Foto ©Suzi / pixelio.de

Weitere Bücher finden Sie auf **www.hansebooks.com**

Die Strafe

als

Erziehungs-Mittel.

Inaugural-Dissertation

der

philosophischen Fakultät der Universität Rostock

vorgelegt

von

Dr. phil. Timon S[...]
Vorsteher einer Privat-Realschule

Hamburg.

G. J. Herbst's Buchdruckerei.
1874.

Wie verschieden man sich auch die Urgeschichte der Menschheit construiren möge, sei es, daß man, wie der religiöse Glaube, Gott selbst als den Schöpfer und Erzieher eines ersten Menschenpaares betrachtet, sei es, daß man, auf den Boden der modernen Naturforschung sich stellend, den Ursprung unseres Geschlechts durch die Annahme begreiflich zu machen sucht, daß sich niedere animalische Geschöpfe allmälig zu höheren bis zum Menschen hinauf entwickelt haben: so viel steht überall fest, daß die menschliche Tüchtigkeit, daß das, was wir Bildung nennen, ohne jene Pflege jedes Einzelnen, ohne jene Fürsorge und Anleitung, welche wir in dem Worte Erziehung zusammenfassen, und welche der Stand der Erzieher auszuüben hat, nicht erreicht werden kann.

Durch welche Mittel nun kann der Erzieher die natürliche Entwickelung seines Zöglings nach seinen höheren Einsichten modifiziren und leiten? Vielleicht allein dadurch, daß er diesem seinen Willen zu erkennen giebt? Hierüber haben sich zu allen Zeiten die verschiedensten Ansichten geltend zu machen gesucht; freilich auch liegen die Erziehungsmittel nicht in gleicher Objektivität vor wie die Arzneimittel. Die Subjektivität des Erziehers hat fast immer das wirksamste Element hinzuzuthun. Hegel sagt (Ansichten über Erziehung und Unterricht, herausgegeben von Thaulow, 1. Thl. 101): „Ein Hauptmoment der Erziehung ist die Zucht, welche den Sinn hat, den Eigenwillen des Kindes zu brechen, damit das bloß Sinnliche und Natürliche ausgerottet werde. Hier muß man nicht meinen bloß mit Güte auszukommen;

denn gerade der unmittelbare Wille ha[…]
baren Einfällen und Gelüsten, nicht […]
Vorstellungen".

Zucht nun, die, durch Worte oder […]
jedenfalls als ein Hauptmittel der Erzie[…]
zusehen ist, Zucht, die verbunden mit […]
engeren Sinne, die Realisirung eines […]
herbeiführen soll: sie beansprucht auch, […]
wenigstens nachzuweisen versuchen, in ga[…]
von Seite des Erziehers dem Zöglinge […]
körperlichen oder geistigen Schmerz, welch[…]
Folge eines Vergehens, natürlich zum Z[…]
einzutreten hat und S t r a f e genannt w[…]

Die Unentbehrlichkeit der Erziehung[…]
Zeiten und von allen Völkern anerkannt. […]
sanctionirt die Ausübung derselben in […]
von denen wir hier nur zwei hervorheben[…]
und eine neuen Testaments. Sie lauten: […]
„Wer sein Kind lieb hat, der hält es st[…]
V. 12: „Beuge ihm den Hals, weil er[…]
jung ist; bläue ihm den Rücken, weil er[…]
daß er nicht halsstarrig und dir ungehorsam […]
„Und habt ihr bereits vergessen des […]
redet, als zu den Kindern: Mein Sohn, […]
die Züchtigung des Herrn, und verzage […]
ihm gestraft wirst".

Wenn wir nun zuerst dazu schre[…]
hauptung, daß die Strafe ein unentb[…]
Mittel ist, den, wenn wir so sagen dürfen, c[…]
einzuholen, so müssen wir uns, um […]
unserer Aufgabe nicht zu überschreiten, s[…]
Betrachtung der hervorragendsten Ersch[…]

Aus dem Alterthum haben Römer[…]
so unermeßlichen Antheil an der Gesam[…]
Welt, daß wir uns mit vollem Recht […]

auf ihre Grundsätze und Gewohnheiten zurückzublicken, sobald es uns bei der Erörterung einer wichtigen Frage an einen Berührungspunkte mit ihnen nicht fehlt. Auch für unseren Gegenstand sind sie beachtenswerth, weil die Strafe in der Erziehung keineswegs bei ihnen vermißt wird. Obgleich nämlich, was zunächst die Römer anbelangt, diejenigen bei dem sonst doch so strengen Cato Censorius und ebenfalls bei Plutarch und Quintilian in schlechtem Rufe zu stehen scheinen, welche ihre Kinder körperlich züchtigen, so waren dennoch körperliche Züchtigungen in der Erziehung der römischen Knaben an der Tagesordnung, besonders seitdem die stoischen Grundsätze in Rom einen fruchtbaren Boden gefunden hatten, und Chrysipp, ein hervorragender Stoiker eine harte Erziehung durch Rede und Schrift begünstigte. Dazu weist Rom seinen schlägereichen Sprachlehrer Orbilius Pupillus auf, der dadurch, daß er das Unglück hatte, den boshaften Satyriker Horaz zum Schüler gehabt zu haben durch diesen für alle Zeiten sprichwörtlich geworden ist (Epist. II, I, 71 wird Orbilius von Horaz mit dem Prädikat plagosus belegt.)

Jedenfalls müssen übrigens die Römer bei unserer Untersuchung den Spartanern weichen, denen Lykurg auch für die Kindererziehung eiserne Gesetze vorgeschrieben hatte. Bei ihnen lag bekanntlich die Erziehung der Knaben von siebenten Jahre an ausschließlich in den Händen des Staates welcher den eigentlichen Lehrern Mastigophoren zugesellte durch deren Geißelhiebe selbst das kleinste Vergehen geahndet wurde.

Durch das ganze Mittelalter hindurch waren körperliche Züchtigungen fast das einzige Erziehungs=Mittel, und diese Erscheinung hat auch ihre einleuchtenden Gründe. Einmal waren die Gemüther durch die Sturmfluth der Völkerwanderung und durch die vorherrschenden rauhen Beschäftigungen mit Jagd und Krieg verhärtet; sodann beruhte in jener Zeit, die ihre geistigen Bemühungen auf jedem Gebiet durch die dogmatischen Satzungen eo ipso beschränkt sah, auch die Schulzucht auf der Voraussetzung, daß die menschliche Natur zum Bösen neige, und war deshalb sehr strenge, ja hart, oft sogar barbarisch. Hierzu kommt noch, daß die Pädagogik als Wissenschaft damals noch auf einer sehr niedrigen Stufe stand, daß für Anlage und Fortführung guter Schulen von oben her fast nichts geschah, und vor allen Dingen, daß es an geschickten Lehrern durchweg mangelte. Daher darf uns das unzählbare Heer von Schulstrafen aller Art nicht in Verwunderung setzen, mit denen wir die Magister des Mittelalters die Sache der Jugenderziehung mehr kühn als glücklich behandeln sehen. So wird uns beispielsweise berichtet, daß in Basel, einer Stadt, die schon um diese Zeit durch stark besuchte Schulen glänzte, die Zöglinge allzu hart mit Schlägen, Scheltworten u. s. w. traktirt wurden; auch lehrt uns ein Blick in die alten Schulstatuten, daß gerade diejenigen Unterrichtsanstalten, welche sich damals einer gewissen Berühmtheit erfreuten, in der häufigen Anwendung oft geradezu grausamer Zuchtmittel das Möglichste geleistet haben. Hat Rom seinen Orbilius als magestir plagosus aufzuweisen, dessen zweifelhaften pädagogischen Ruf der schalkhafte Horaz vielleicht über die Maßen hinaus vergrößert haben mag, so haben wir dagegen unsern guten schwäbischen Magister Heuberle, welcher während der 51 Jahre und 7 Monate seiner Amtsführung nach einer mäßigen Berechnung ausgetheilt haben soll: „911,527 Stockschläge und 124,010 Ruthenhiebe; ferner unendlich viele Pfötchen und Klapse mit dem Lineal, Handschmisse und Maulschellen, Kopfnüsse und Notabenes mit Bibel, Katechismus, Gesangbuch und Grammatik; nicht zu gedenken einiger nicht so gewöhnlicher Strafen, die er im Falle der Noth aus dem Stegreif erfand". Wie viele Zeit ist dir „Collega Jubilaeus" bei dieser zeitraubenden Beschäftigung für das Unterrichten geblieben? Freilich war ja deine harte Zucht ihrer Zeit so zeitgemäß, daß „lehren" und „einbläuen" als völlig synonym galten. Wenn damals nach den rein mechanischen Methoden stundenlang nur „überhört" wurde, so war jedes Kind, nachdem es sein Pensum aufgesagt hatte, die ganze übrige Zeit der Stunde müßig, und es war hierbei kein Wunder, wenn aufgeweckte Kinder auf Allotria verfielen und ihre Lehrer allzu häufig zum Zorne reizten.

Das Reformationszeitalter ist bekanntlich reich an hervorragenden Schulmännern; an dieser Stelle sind von ihnen nur Trotzendorf und Luther bemerkenswerth.

Valentin Trotzendorf, berühmt als Rektor des Goldberger Gymnasiums, scheint die im Mittelalter üblichen Schulstrafen für unentbehrlich gehalten zu haben, obwohl doch seine Meisterschaft in der sokratischen Methode bekannt ist, und man auch glauben sollte, er sei durch seinen langjährigen vertrauten Verkehr mit dem sanften Melanchthon gemäßigt und von jedem schroffen Auftreten gegen die Jugend zurückgehalten worden. Der dritte Grundsatz jener fünf, die er seinen Schulgesetzen vorangeschickt hat, theilt uns seine Ansichten über die Schulstrafen mit und lautet also (Vergl. Löschke, Valentin Trotzendorf nach seinem Leben und Wirken):

„Nach Maßgabe der Vergehen sollen die Schüler mit Ruthe, Leier oder Carcer bestraft werden. Die, welche sich solcher Strafe schämen, sei es, wegen ihrer adeligen Herkunft, oder weil sie schon älter, sie mögen entweder darauf bedacht sein, recht zu thun, um nicht in Strafe zu verfallen, oder unsere Schule verlassen und eine solche Freiheit anderwärts suchen. Geldstrafe aber soll ganz abgeschafft sein, da sie vielmehr die Eltern als die Kinder betrifft". Ein ausführliches Verzeichniß der beliebtesten Strafen des „Dictator perpetuus" findet sich in dem von Pinzger mitgetheilten Gedicht, welches zum Lobe der Goldberger Schule ehemals verfaßt worden ist:

„Poena fuit carcer, ferulae vel denique mulcta
Aut lyra quam dura fecerat arte faber.

Illaque cum fidibus sit cassa, fidicula falso
Dicta, vel antiphrasi vox ea facta fuit.
Nonnullis asinum circum sua colla ferendum
Imposuit magnum, quae nota grandis erat.
Nonnullos etiam, reliquis prandentibus una
In terra sedem jussit habere suam.
Tempore brumali quosdam sub nocte cubare
Jussit humi stratos ante cubile suum."

Stand die Sache also noch in der Mitte des 16. Jahrhunderts in einer der berühmtesten Schulen Deutschlands, so erfreut es unser Herz umsomehr, bei der Betrachtung Luthers, dessen pädagogische Auctorität doch auch keineswegs angezweifelt werden darf, auf mildere Ansichten zu stoßen. Mit Recht bewundern wir eben in Luther nach allen Seiten hin den Reformator. Empiriker von Haus aus, blickt er auf jedem Gebiet, welches er betritt, zunächst in die Vergangenheit, erkennt mit bewunderungswürdigem Scharfblick die bisherigen Fehler und Auswüchse und strebt nach ihrer Entdeckung, sie mit eiserner Energie zu beseitigen. Daher kann es uns nicht wundern, daß gerade er, der von früher Kindheit an sowohl von seinen Eltern als auch in der Schule allzu hart behandelt worden war, hinterher überall da, wo er von Kindererziehung redet, gegen die „rohe und zornmüthige Strenge" der Eltern und Lehrer gewaltig eifert; führt er doch bei sich selbst jene Schüchternheit des Geistes, die ihm bis in das Mannesalter hinein anhaftete, darauf zurück, daß er als Knabe allzu strenge mit Ruthen gestrichen und mit Scheltworten angefahren worden sei. Auf der anderen Seite freilich will er die Strafe in der Erziehung keineswegs über Bord geworfen wissen, sondern ermahnt, schon bei den jüngsten Kindern Zucht zu üben und geht da, wo er die Stelle im Joh. 2, 14 ausführlicher auslegt, sogar so weit, daß er behauptet: „Die Zucht, die an den Kindern sowohl mit Worten als mit Werken geschieht, errettet die Seele eines Kindes von den ewigen Höllenstrafen".

Luthers Ermahnungen, „zarte und feine ingenia" nicht durch rauhe und harte Behandlung zu verderben, scheinen zu ihrer Zeit allerdings wie die Stimme eines Predigers in der Wüste verhallt zu sein, denn, wie strenge damals die Ruthe, auch bei dem geringsten Vergehen, noch immer gehandhabt wurde, zeigen auch die Schulgesetze von Sebald Heiden vom Jahre 1530, in denen es heißt (Nach Raumer, Geschichte der Pädagogik I, Anlage V D):

„Ignavus autem, ad hoc, quod nil lucri feret
Virgis simul cæsim operietur asperis,
1. Suum magistrum digno honore non colens.
2. Ejusve Pædotribis non obtemperans.
3. Ad lectiones tardius se conferens"

u. s. w. bis zur 29. Vorschrift, nach welcher er schließt, „30. Sit summa:

Quidque quod parum decet patrans
Pœnas dabit conciso ferula podice
Quo gladio in hosce sontes animadvertimus".

Dennoch haben die Bestrebungen Luthers, die Erziehungsstrafen zu beschränken, wenn auch erst nach seinen Lebzeiten, goldene Früchte getragen.

Hierüber belehrt uns unter anderem jenes Coburger Schulstatut vom Jahre 1600, welches befiehlt: „Juventutem scholasticam ad pietatem et diligentiam laudibus, præmiis et honesta æmulatione potius excitandam esse, quam increpationibus, minis et pœnis impellendam," indem es hinzufügt: „Phryges enim et asinos plagis emendari!"

Freilich wurde, nachdem die Begriffe „erziehen" und „prügeln" durch den Lauf der Jahrhunderte hindurch gleichsam zusammengewachsen waren, jetzt auch nicht mit einem Schlage alles gebessert, sondern erst dann, als die Gesetzgebung sich allseitig der Sache annahm, gewann eine mildere Behandlung der Jugend Platz. Der Kaiser Maximilian II. verordnete in einem Privilegio, daß fortan auch die Schüler der vier obersten Gymnasialklassen „Studenten"

heißen sollen; „Jedoch", fügen (nach Raumer) die Straß=
burger akademischen Gesetze hinzu, „mit diesem außtrucklichen
anhang, das so vil die Disciplinam belangt, benen in Tertia
und Quarta nichts nach gelaßen, aber die in Prima et
Secunda Classe (welche über 16 Jar alt seiend) mit der
Ruthen nicht mehr gezüchtiget oder gestrichen werden sollen".

Mit dem 17. Jahrhundert beginnen die Anfänge einer
neuen Epoche des Schul= und Erziehungswesens, das aller=
dings im Laufe jenes Jahrhunderts selbst noch zu keiner
Blüthe gelangen konnte; einmal, weil die lutherische Ortho=
doxie in einer neuen herzlosen Scholastik erstarrte; ferner,
weil durch die Gräuel des dreißigjährigen Krieges jeder
Boden verwüstet worden war, auf dem eine gesunde Idee
hätte Früchte treiben können. Ratichius, ein Deutscher, und
Comenius, ein Slave, verdienen aus dieser Zeit hier einige
Berücksichtigung; der erstere, weil er in einem guten Unter=
richt das geschickteste Mittel erblickt, die Schuldisciplin sehr
leicht, ohne viele Strafen, aufrecht zu erhalten und die
Kinder nur wegen Muthwillen und Bosheit, nicht wegen
geringer Leistungen geschlagen wissen will; Comenius, weil
er in seiner Didactica magna ähnlichen Ansichten huldigt.

Die Realisirung der pädagogischen Ideen eines Rati=
chius, welcher selbst in höchstem Maße unpraktisch war, und
eines Comenius, der durch die Furien des entsetzlichen Reli=
gionskrieges aus einem Lande in's andere gejagt, nirgends
für die ruhige Ausführung eines Planes Zeit und Ruhe
gewonnen hatte, war in erster Linie dem Halle'schen Waisen=
hause vorbehalten, welches im Anfange des 18. Jahrhunderts
durch August Hermann Francke gestiftet wurde. Dieser be=
kannte sich zu der durch Phil. Jak. Spener begründeten
pietistischen Richtung, welche nicht das Wissen der Glaubens=
lehre, sondern das lebendige Gefühl der menschlichen Sünd=
haftigkeit und Erlösungsbedürftigkeit als die Hauptsache im
Christenthume betrachtete und frommen Sinn, aufrichtiges
Gebet und gottesfürchtigen Lebenswandel höher schätzte, als

ein orthodoxes Bekenntniß. Nach diesen Grundsätzen also betrieb Francke die Kinderzucht. Hatte es früher gegolten, die Kinder zu zähmen, statt sie zu erziehen, war es lediglich darauf angekommen, sie durch grausame Zuchtmittel dahin zu bringen, daß sie stillhielten, damit das Schulgeschäft nicht gestört werde, so gebrauchte Francke dagegen diese äußerlichen Strafmittel gar wenig, sondern da ihm die eigentliche Besserung des Menschen von innen heraus Alles galt, da er mit scharfem Blick die Wichtigkeit der Berücksichtigung des psychologischen Elements beim Strafen sehr wohl erkannt hatte, sagte er in seiner Schulordnung von 1702 (S. § 60): „Mit christlicher Gelindigkeit und freundlicher Zurede ist mehr auszurichten, als mit großer Strafe". Dabei ist er freilich so weit entfernt, für die gänzliche Abschaffung der Strafe zu eifern, daß er in ihr vielmehr ein unentbehrliches Erziehungsmittel erkennt, dessen Gebrauch durch das göttliche Wort verordnet und sanctionirt ist, und dessen wir wegen der angeborenen Sündhaftigkeit aller Menschen nicht entrathen können. So hebt Francke also die Strafe in der Erziehung keineswegs auf, vielmehr empfiehlt er ihre Ausübung da, wo gelindere Zuchtmittel, Belehrung, freundliche Ermahnung u. s. w. nicht mehr ausreichen; zugleich warnt er aber eindringlich vor einem unweisen Gebrauch auch der kleinsten Strafe.

Aehnliches thun die Philanthropisten, welche im letzten Viertel des 18. Jahrhunderts mit besonderem Eifer die pädagogischen Ideen Ratich's, Locke's, Comenius' und namentlich Rousseau's ergreifen. Auch sie wollen, besonders beim Strafen, des psychologische Element berücksichtigt wissen, ohne das realistische gänzlich zu vernachlässigen. Ihre Ansichten sind in Kürze folgende: Da die menschliche Natur blüht durch angeborene Unschuld und Heiligkeit, so handelt es sich bei der Kindererziehung lediglich darum, die im Menschen schlummernden Tugenden zu erwecken und ihn davor zu behüten, daß nichts Unwahres in ihn hineinkommt. Das Erwecken der schlummernden Tugendkeime kann nicht früh genug geschehen; es geschieht aber durch den Unterricht. Wo sich nun der Lehrer dem Kinde nähert, da soll er sich hüten vor Rauhheit und Schroffheit; beide schaden ja der angeborenen Unschuld. Daher ist die Strafe ängstlich zu vermeiden und darf nur da eintreten, wo ein arger Mißbrauch der Willensfreiheit bemerkt wird. Summa: Bestrafe nur Bosheit, Hartnäckigkeit und Gewaltthätigkeit. Haben wir bei unserer kurzen Betrachtung der Philanthropisten Locke's und Rousseau's Erwähnung gethan, so erscheint es nun angezeigt, die Ansichten dieser Männer über den pädagogischen Werth der Strafe hier kurz darzuthun. Da sich beide mehr oder weniger als Gegner aller äußerlichen Zuchtmittel erweisen, verdient auch Friedrich Schleiermacher, der als der heftigste Bekämpfer der Strafe in der Erziehung bekannt geworden ist, an ihrer Seite nähere Aufmerksamkeit.

Zuerst also steht John Locke der Strafe im Erziehungsgebiet entgegen und giebt nur zu, wiederholtes Lügen, Hartnäckigkeit und Wiedersetzlichkeit mit Schlägen zu bestrafen. So groß ist sein Abscheu vor der Ruthe, daß er ihr in seinen „Some Thoughts concerning Education" (erschienen 1714 zu London) ein eigenes Kapitel widmet mit der Ueberschrift „Gegen die Ruthe". Hierin heißt es unter Anderen: „Was beim Unterrichten eingebläut wird, erregt eben deshalb dem Kinde Widerwillen; zudem wird es durch Schläge feig und sklavisch". Ebenfalls verwirft Locke allen sinnlichen Köder, Leckereien, Spielzeug u. s. w. um die Zöglinge zum Guten zu bewegen, und will lediglich durch Lob und Tadel auf sie einwirken, indem er behauptet, von allen Motiven, welche geeignet sind, eine vernünftige Seele zu rühren, sei kein mächtigeres, als Ehre und Schande. Könne man daher den Kindern Liebe zur Reputation einflößen und ihnen eine Idee von Scham und Schande beibringen, so habe man ihnen damit ein wahrhaftes Princip eingepflanzt, welches sie unaufhörlich zum Guten führen werde. „Hierin, sagt Locke, besteht meines Erachtens das große Geheimniß der Erziehung." Die Lobsprüche, welche die Kinder verdienen, fordert Locke ferner, sollen sie in Gegenwart Anderer erhalten; dagegen soll man ihre Fehler nicht bekannt machen, das macht sie stumpf.

Haben diese Ansichten auch den Philanthropisten und Anderen gefallen, so muß es uns doch wundern, daß sie von dem scharfsinnigen Philosophen Locke herrühren. Während nämlich auf der einen Seite jeder Köder, jede Anlockung mit Abscheu zurückgewiesen wird, will Locke andererseits gerade durch das unkindlichste und unchristlichste Motiv, durch den Ehrgeiz die Knaben zum Guten locken und meint, falls dieses nur geschehen sei, würden sie in reiferen Jahren ohne Weiteres ein reineres Princip annehmen, da die fortschreitende Reife dem Menschen die Einsicht aufnöthige, es sei besser, seiner Handlungsweise edle Motive zu unterlegen, als niedrige. Läßt sich etwas Verkehrteres denken, als diese Annahme? Ein Mensch also, der von früher Jugend an angehalten worden ist, das Böse zu meiden, nicht um des Bösen willen, sondern lediglich, um bei Anderen nicht in schlechten Ruf zu gerathen, wird ein solcher Mensch mit einem Schlage, vielleicht auf ein gegebenes Comandowort, der Macht einer langjährigen Gewohnheit widerstehen können? Wir meinen entschieden, er wird es nicht können!

Daß Locke es für möglich hält, dem Kinde Liebe zur Ehre und Abscheu vor Schande gleichsam einzublasen, kann uns unter Berücksichtigung seiner psychologischen Ideen weniger in Erstaunen setzen. Ist doch seine Seele eine „tabula rasa" ein „vacuum quoddam" und giebt es doch nach ihm „nihil inintellectu, quod non ante fuerit in sensu". Angeborene Charakteranlagen daher, die sich erfahrungsmäßig durch ganze Generationen forterben, sie kommen bei Locke nicht in Betracht. Im Uebrigen stellt auch er beachtenswerthe Vorschriften für die Ausübung der Strafe auf, welche wir später berücksichtigen werden.

Jean Jacq. Rousseau ist der zweite, welcher in der Strafe
kein berechtigtes Erziehungsmittel anerkennen will. Hatten
vor ihm schon zwei andere Franzosen, der fromme Fénélon
und der als Jugendschriftsteller wohlbekannte Rollin gegen
die übermäßige Strafsucht der Magister geeifert, ohne dabei
die Berechtigung der Strafe selbst anzugreifen, so bleibt
Rousseau auch hier seinem Grundsatze treu: „prenez le
contre-pied de l'usage, et vous ferez presque toujours
bien" und befiehlt: Fort mit der Strafe! Bei Rousseau
darf uns dieses wohl am wenigsten auffallen. „Alles geht
gut aus den Händen des Schöpfers hervor, Alles entartet
unter den Händen des Menschen". Angeborene böse Neigungen,
Erbsünde (perversité originelle und naturelle), sie existiren
bei ihm nicht in Wirklichkeit, sie sind vielmehr abgeschmackte
Erfindungen der Kirche. Alles Böse kommt von Außen her
in den Menschen hinein, dessen natürliche Unschuld dabei zu
Grunde gehen muß. Daher steht keinem Erzieher das Recht
zu, seinen Zögling zu züchtigen, nachdem er doch selbst diesen
mit verdorben hat. „An allen Lügen der Kinder sind die
Lehrer schuld. Warum lassen sie sich so viele Versprechen
geben, warum inquiriren sie, wenn etwas vorgefallen ist?"
u. s. w. Im gerechten Zorne über die socialen Ausgeburten
seiner Zeit vergaß Rousseau, daß es auch eine naturgemäße
und heilsame Cultur giebt; auch übersah er die Unausführ=
barkeit seiner Maxime, nach der er seinen Emil aus der
menschlichen, kirchlichen und bürgerlichen Gesellschaft ausscheiden
und ihn dennoch durch Erziehung zum Glück führen wollte.
Sein „Tyrann der Nothwendigkeit" endlich, den jedes Kind
vernünftig begreifen soll, dürfte von der Jugend schwerlich
anerkannt werden. Sagt Rousseau doch selbst, wo er gegen
das von Locke empfohlene Raisonniren mit den Kindern
spricht: „Entwickelt sich doch unter allen Fähigkeiten zuletzt
der Verstand, und ihn will man anspannen, um die anderen
entwickeln zu helfen? Das heißt mit dem Ende den Anfang
machen!" Gehört aber nicht auch, so fragen wir, ein schon

ziemlich stark entwickelter Verstand dazu, um die nothwendige Existenz und Herrschaft eines Tyrannen der Nothwendigkeit für sich zu begreifen und anzuerkennen? Mit Recht glauben wir endlich als den heftigsten Gegner der Strafe in der Erziehung unseren Landsmann Friedrich Schleiermacher anführen zu dürfen, dessen Ansichten wir nun in Kürze darlegen wollen. Schleiermacher unterscheidet zwei Formen der pädagogischen Thätigkeit: **Unterstützung** und **Gegenwirkung**. Die letztere, auf die es hier ja allein ankommt, nennt er eine **physische**, sobald es sich darum handelt, schlechte Gewohnheiten niederzudrücken und auszulöschen, und eine **ethische**, wenn es gilt, dem **Willen** entgegenzuwirken, und zwar nicht so sehr dem Universalwillen, als dem Specialwillen. Unter Universalwillen versteht Schleiermacher die Gesinnung, die höchste Aeußerung der Intelligenz, mit einem Worte, die stetige Willensrichtung, den Charakter, und behauptet: „Auf die Gesinnung kann durch Gegenwirkung gar nichts ausgerichtet werden". (Vergleiche seine pädagogische Vorlesung aus dem Jahre 1826 über: Verhältniß der Gegenwirkung zur Gesinnung u. s. w., herausgegeben von Platz). Denken wir uns nämlich die schlechte Gesinnung zuerst als etwas **Negatives**, als den Mangel der guten Gesinnung, so läßt sich die Gegenwirkung nicht einmal in Gedanken construiren; und es kommt Alles auf die unterstützende Thätigkeit an, nämlich das innerste Wesen so zu befruchten, daß der Mangel aufhöre. Nehmen wir ferner an, daß die schlechte Gesinnung wirklich positiv sei, „kann dann", so fragt Schleiermacher, „diese Gesinnung durch Gegenwirkung aufgehoben werden?" Wenn man einem Menschen mit solcher Gesinnung das Gegentheil, die richtige Gesinnung beibringen und diese allmälig verstärken könnte, so wäre das keine Gegenwirkung, sondern wiederum unterstützende pädagogische Thätigkeit. Verstärkung der Mißbilligung, Strafen, würden nicht die eigentliche Einheit der Lebensform berühren, sondern vielmehr die einzelnen Willensakte nur hemmen. — Was nun ferner die Aeußerungen des Specialwillens, d. h. die einzelnen Willensakte anbelangt, solche natürlich, welche dem pädagogischen Bestreben zuwiderlaufen, so glaubt Schleiermacher in Beziehung auf sie sehr wohl an die Zweckmäßigkeit einer Gegenwirkung. Könne durch sie, so kalkulirt er nämlich, der Charakter auch nicht gebessert werden, so werde doch die Ausführung einzelner unsittlicher Willensregungen verhindert und hierdurch die Fertigkeit im Schlechthandeln auf ein Minimum beschränkt. Fragen wir nun, worin die Gegenwirkung gegen den Specialwillen bestehen darf, so will Schleiermacher nur die Mißbilligung gelten lassen, den Tadel, welcher die Scham erzeugt, die die angefangene Handlung hemmt. Als die einzige Stufe endlich, auf der Gewalt angewendet werden dürfe, giebt Schleiermacher diejenige Periode der Kindheit an, in welcher das Kind, zwar schon entrückt der allerersten Periode, in der das Leben noch so zart ist, daß es eine physische Gewalt nicht verträgt, der Vernunft und somit der überzeugenden intellectuellen Mittheilung durch die Sprache noch untheilhaftig, ebenso wie das unvernünftige Thier behandelt werden, also auch, natürlich nur in den äußersten Nothfällen, durch Einwirkungen von Außen her, die unangenehme Zustände hervorrufen, vor Schädlichkeiten bewahrt und zum Guten hingeführt werden müsse.

Fassen wir nun Alles zusammen, so haben wir Folgendes gefunden. Es giebt nur zweierlei Formen der pädagogischen Gegenwirkung; die eine, dem Ethischen sich anschließend, ist die Erregung der Scham, als zurückhaltendes Princip; die andere ist die physische Gewalt. Der ersteren ist ihre Grenze bestimmt angewiesen: sie kann als Gegenwirkung gegen die verkehrte Gesinnung nicht gebraucht werden, einerlei ob diese in einem Mangel an guter Gesinnung besteht, oder wirklich positiv ist. Die physische Gegenwirkung darf nur da eintreten, wo sie einmal das zarte Leben des Kindes nicht mehr bedroht, wo aber zugleich von einer Manifestation des Willens noch nicht die Rede sein kann.

Es konnte nicht fehlen, daß diese mit dem bekannten Schleiermacher'schen Scharfsinn aufgestellten und in geschickter Form vertheidigten Theorieen vielen Beifall erregten; daß wir sie trotzdem nicht vollständig unterschreiben können, darüber werden wir uns in dem zweiten Theile unserer Aufgabe zu rechtfertigen suchen. Hier bleibt zuvor noch in Kürze die Erwähnung zweier Männer übrig, die sich, wenn auch nur in gelegentlichen pädagogischen Aeußerungen ebenfalls für den erziehlichen Werth der Strafe entschieden haben.

Joh. Friedrich Herbart unterscheidet Strafen der Regierung und der Zucht. Jene sollen dazu dienen, die Ordnung aufrecht zu erhalten, diese berühren das innere Leben und treten ein, wo es gilt, die verderbliche Willensrichtung zu bekämpfen.

Auch Immanuel Kant läßt zweierlei Strafarten, physische und ethische, zu; erstere bestehen darin, daß dem Bittenden sein Ansuchen rundweg abgeschlagen, letztere, daß der Zögling ignorirt wird, damit er merkt, er habe sich durch seine unsittliche That unsere Mißachtung zugezogen, er entbehre also desjenigen Gefühls der Zuneigung und Achtung bei uns, welches kein Mensch gerne bei anderen für sich vermißt.

Wenn es uns nunmehr geglückt sein sollte, in kurzen Zügen darzuthun, daß die hervorragendsten Pädagogen aller Zeiten mit gar wenigen Ausnahmen den Werth und die Nothwendigkeit der Strafe im Erziehungsgebiet gebilligt haben, so scheint es auch nicht außerhalb des Bereiches unserer Aufgabe zu liegen, der Strafe im Staate, wenn auch nur mit wenigen Worten, zu gedenken. Zwei Thatsachen sind es, die wir hierbei in erster Linie zu verzeichnen haben: einmal hat es bis zu diesem Augenblicke keinen einzigen Staat gegeben, welcher die Strafe entbehren zu können glaubte; ferner hat keiner von jenen Männern, die wir als Gegner äußerlicher Zuchtmittel der Erziehung kennen gelernt haben, die Entfernung derselben aus staatlichem Gebiet begünstigt. Beide Thatsachen motiviren sich bei der oberflächlichsten Betrachtung ganz von selbst. Da nämlich der Mensch, als vereinzeltes Wesen gedacht, einer traurigen Verkümmerung verfallen würde, so ist ihm das Zusammenleben mit seines Gleichen Nothwendigkeit. In der Familie und in dem gesellschaftlichen Kreise, wohin Umstände oder freie Wahl ihn stellen, findet er Unterstützung in der Erhaltung des Daseins, Förderung im Streben nach Besitz und Genuß, nach Bildung und Gesittung. Zur Sicherung und Ergänzung dieser Verbindungen aber bedarf es der Einordnung in eine umfassendere, organisirte Gemeinschaft, in den Staat, den man als das selbständige, mit einem Gesammtwillen ausgestattete Gemeinwesen zur Leitung und Förderung der Gesammtinteressen seiner Glieder bezeichnen kann. Der Mensch widerstrebt nicht, wie Rousseau meint, der Gesellschaft, sondern er ist in Wahrheit, nach dem Ausdruck des Aristoteles ein politisches Thier. Nun herrscht freilich nicht überall über Wesen und Aufgabe des Staates die gleiche Auffassung; dieselbe wechselt nach den jeweiligen wissenschaftlichen und gesellschaftlichen Zuständen, nach natürlichen Anlagen, Bildung und Gesittung eines Volkes. Ueberall aber, wo wir es nicht gerade mit einem Volke auf der untersten Stufe der Cultur zu thun haben, wird der Staat als eine ethische Gemeinschaft aufgefaßt, als ein Bild der Familie und Schule im Großen, welches jeden Einzelnen in seinen Rahmen einschließt. Ein solcher organischer Zusammenhang nun aller einzelnen Theile unter einander und zu einem Ganzen läßt sich nur vorstellen, wenn das Ganze von einem beherrschenden und durchdringenden Princip umfaßt wird. Dieses Princip ist das ethische Gesetz, dessen Darlegung in einzelnen Vorschriften weniger nothwendig ist für den Philosophen, der diese für sich selbst abstrahirt, unentbehrlich dagegen für das gemeine Volk, welches sich zu einer denkenden Betrachtung der Dinge nicht erhoben hat. Das ethische Gesetz aber, wie verschieden es sich auch in der Gesetzgebung der verschiedenen

Völker gestalten mag, bedingt durch sein innerstes Wesen Unverletzlichkeit. Daher werden überall bemerkt die in der Weltordnung begründeten und durch die Vernunft geforderten Folgen des verletzten ethischen Gesetzes, d. h. der Unsittlichkeit und des Unrechts; daher wird überall gedroht mit Strafen, selbst mit der Strafe am Leben, so Jemand es wagen sollte, die eherne Schranke der staatlichen Ordnung zu durchbrechen. Welche Theorie hierbei die meiste Berechtigung für sich beanspruchen darf, ob das „punitur, ne peccetur" oder das „punitur, quia peccatum est", das haben wir hier nicht zu untersuchen; für uns gilt in jedem Falle das punitur, wo ein peccatum est vorliegt.

Was nun die Strafarten im Staate anbelangt, so gestalten sich diese im Laufe der Jahrhunderte selbstredend ebenso verschieden, wie im Erziehungsgebiet. Da, wo ein Volk auf einer niedrigen Culturstufe steht, wo der Rechtsbegriff einfach das jus talionis fordert, bemerken wir nicht allein grausame Strafarten, sondern auch solche, die ein richtiges Verhältniß zwischen der Größe des begangenen Unrechts und der verhängten Strafe vermissen lassen. Da hingegen, wo ein Staat sich bis zu einem hohen Grade der Gesittung emporgeschwungen hat, wo die Philosophie die Gesetzgebung beherrscht, da wird nicht allein die Größe der Strafe nach dem Umfange des durch sie zu sühnenden Verbrechens sorgfältig abgewogen, sondern es kommt auch in Betracht, daß der Strafakt Elemente enthält, die zur **Besserung** des Gestraften beitragen können. Eine Strafe freilich, die noch bis zum heutigen Tage auch unter civilisirten Völkern gilt, schließt jede Besserung schlechterdings aus: die Todesstrafe. Obgleich es nun sehr wohl einleuchtet, daß ein begangener Mord am vollkommensten durch die Hinrichtung des Mörders gesühnt wird, so haben sich dennoch, und besonders in neuester Zeit, viele und gewichtige Stimmen für die Abschaffung der Todesstrafe ausgesprochen, und es hat sich ein Kampf über ihre Berechtigung erhoben, der noch nicht als beendigt betrachtet werden darf. Die Einen, wie Schleiermacher, führen an für ihre Entfernung, der Staat entziehe sich bei ihrer Anwendung seiner Pflicht den Mörder zu bessern, und raube diesem zugleich die Möglichkeit der Besserung; die Anderen, wie Fürst Bismarck und mit ihm viele hervorragende Parlamentsmitglieder der Jetztzeit, sehen mit Hegel in der Sucht die Todesstrafe abzuschaffen, eine Regung gänzlich unzeitiger Sentimentalität.

Das Zeugniß der Geschichte, wenigstens in ihren Hauptsachen, wäre damit für unsern Zweck erschöpft; allein es bleibt noch eine zweite und zwar die Hauptaufgabe übrig; die nämlich, kritisch zu beleuchten, ob und in wie weit denn die Strafe wirklich pädagogischen Werth habe, ob und in wie weit sie mit einem Worte Erziehungsmittel ist.

Dies stellt uns also unmittelbar die Aufgabe vor, die Strafe nach ihrem inneren Wesen zu betrachten. Wie so vielfach im Gebiete der Erziehung, so finden wir gerade auch hier mehrfache, von einander abweichende Ansichten. Die Einen, namentlich die Aelteren, setzen das Wesen der Strafe darin, daß sie von Vergehen abschrecke; die Anderen darin, daß sie das Vergehen sühne; noch Andere endlich darin, daß sie sowohl sühne, als auch bessere und darum erziehe. Daher die drei bekannten Theorien: die Abschreckungstheorie, die Sühnetheorie und die Besserungstheorie. Diejenige dieser drei Theorien nun, welche das Wesen der Strafe am oberflächlichsten auffaßt und darum der Wahrheit am fernsten steht, ist die Abschreckungstheorie. Zwar tritt auch bei ihr die Strafe als sittliche Energie, als Reaktion gegen das Böse auf; allein weniger um des gerade vorliegenden Unrechts willen, als vielmehr um deswillen, damit in Zukunft Jeder von demselben oder einem anderen Vergehen durch den Ernst und Schmerz der Strafe abgeschreckt und abgehalten werde. Gesetzt nun, dieser Zweck würde wirklich erreicht, der Erfolg wäre doch nur ein unglücklicher, mindestens aber ein sehr zweifelhafter, denn hinter aller **thatsächlicher** Enthaltung von Vergehen kann offenbar doch die sündigste und unheiligste Gesinnung und Denkungsweise, von deren Reinheit doch allein der sittliche Werth des Menschen abhängt, verborgen sein; und sie wird es sicher sein, wo nicht mit anderen, als mit Abschreckungsmitteln gegen das Böse reagirt wird: Abschreckung garantirt eben keine Besserung. Aber auch die Sühnen= theorie faßt das Wesen der Strafe nur mangelhaft. Bei der Abschreckungstheorie trat der Umblick auf die Gegenwart hinter dem Ausblicke in die Zukunft wesentlich zurück: hier ist es umgekehrt. Das **vorliegende** Vergehen soll gesühnt, das gegenwärtige Verbrechen soll geahndet und bestraft werden; ob das Individuum in **Zukunft** sich des Unrechts enthalte, oder ob es **von neuem** Unrecht begehe, dies Alles liegt den Anhängern dieser Theorie ferne; ihre Devise ist die: Wer Unrecht thut, wird bestraft, wo auch immer und so oft auch immer er Unrecht thue. Nun ist ja klar, daß dieser Theorie die Idee der sittlichen Weltordnung, die, wo sie verletzt wird, unerbittliche Genugthuung fordert, zu Grunde liegt, und dies ist ein gewiß sehr zu schätzender Vorzug derselben; das Mangelhafte derselben aber ist eben die eisige Kälte, der sittliche Rigorismus, mit dem sie an den Ver= brecher herantritt. Der Staat, der, die Waage der Gerechtigkeit in der Hand, Jeden abwägt, wie er seiner Ordnung, seinem Gesetze genügt oder widerstrebt, der Staat, sagen wir, mag diesen sittlichen Rigorismus im Strafamte wohl für sich be= anspruchen können; der Erzieher kann es entschieden **nicht**. Nicht als ob er sich gegen die Sühnung des begangenen Unrechts **indifferent** verhielte, da im Gegentheil alle Erziehung gleichfalls fordert, daß kein Vergehen ungesühnt bleibe; vielmehr deshalb, weil der Erzieher vor Allem darauf zu sehen hat, daß jegliche Strafe in seiner Hand an dem zu Bestrafenden **Besserung** wirke, daß sie ihm also in aller ihrer Schwerer doch als ein Akt der Liebe erscheint —

denn die Liebe allein bessert — die ihn zu der Höhe sittlicher Vollendung emporheben und fördern will.

Summa: In der Erziehung kommt alles darauf an, die Strafe stets so einzurichten, daß sie bessert. Bessert sie aber, so ist sie eben ein Mittel zur Erziehung.

Das eben unterscheidet die Strafe innerhalb der Erziehung von der Strafe auf staatlichem Gebiet: im Staate kommt es principaliter allein darauf an, daß die verletzte Ordnung wieder hergestellt werde. Hegel hat vollkommen Recht, wenn er bestreitet, daß die Strafe des Staates irgend welchen andern Zweck haben könne, als die Wiederherstellung der verletzten sittlichen Ordnung im Staate, des verletzten Allgemeinwillens gegen den Egoismus des Partikularwillens. Bessere die Strafe etwa gleichzeitig den Sträfling, so geschehe diese Besserung nicht principaliter vielmehr nur modaliter. In der Erziehung anders! Hier ist die Strafe principaliter zunächst gleichfalls Sühnung, Wiederherstellung des verletzten Sittengesetzes, aber ebenso principaliter, nicht bloß modaliter, Besserungs- und darum Erziehungsmittel.

Diese Verschiedenheit zwischen der Strafe im Staate und derjenigen in der Erziehung wird wenigstens theilweise schon durch die Verschiedenheit der sittlichen Qualität bedingt und erklärt, wie sie zwischen dem Zöglinge des Erziehers und dem Bürger des Staates stattat; hier der schon gestählte, bis zur Freiheit eigener Selbstentscheidung nach den Forderungen des Gesetzes gereifte Wille des Mannes; dort der noch schwankende, seiner sittlichen Reife und Festigkeit noch harrende Wille des Knaben.

Die Frage ist nun aber weiterhin die: Wenn jede Erziehungsstrafe Besserung wirken soll, wie ist sie dann einzurichten und anzuwenden, um dieses ihres Zweckes und Zieles sicher zu sein und nicht zu fehlen. Antwort: Alle Strafe wirke zunächst Buße.

Buße ist ein sehr inhaltsschweres Wort; sie setzt voraus, wenn man es besser nicht selbst schon als einen Theil der

Buße nehmen will, die Erkenntniß des Zwiespaltes zwischen dem Eigenwillen und dem Willen des Gesetzes als einer S ch u l d; sodann, und das ist ihr eigenstes, innerstes Wesen, empfindet sie diesen als Schuld erkannten Zwiespalt mit tiefem Schmerze, und dies nicht sowohl wegen der etwa zu erwartenden Strafe, als vielmehr um des Zwiespaltes selbst willen: die Sünde muß um der Sünde willen betrauert und beschmerzt werden, nicht um der etwaigen Strafen willen, die sie nach sich zieht. — Diesen offenbar allein richtigen Standpunkt nimmt denn auch die evangelische Kirche in ihren Bekenntnißschriften, namentlich der Augsburgischen Confession ein, so oft sie „de pœnitentia" handelt, und tritt damit in einen schneidigen Gegensatz zur katholischen Kirche. Während nämlich diese, die katholische Kirche, eine zweifache Art der Buße annimmt, die sogenannte attritio und contritio, jene als einen Schmerz über die Sünde, den die Furcht vor Strafe erzeuge, diese, gewissermaßen die höchste Stufe der Buße, als den Schmerz über die Sünde, wie er aus der Liebe zu Gott und seinen Geboten, die man durch sich übertreten wisse, hervorgehe, erkennt die evangelische Kirche nichts anders als Buße an, als den Schmerz über das begangene Unrecht als solches, ohne alle Rücksicht auf etwaige unangenehme Folgen, wie sie durch das begangene Unrecht heraufbeschworen werden. (A. C. 165.)

Diese beiden, die Erkenntniß des Zwiespaltes zwischen dem Partikularwillen und dem allgemeinen Willen des Gesetzes als einer Schuld, die auf das betreffende Subjekt zurückfällt, sodann den wirklichen tiefinnerlich im Herzen wohnenden Schmerz über diesen Zwiespalt möchten wir die negative Seite der Buße nennen, auf deren Erzeugung alle Strafe zum Zweck der Erziehung abzielen muß. Die positive Seite aber, in welcher die Buße sich erst vollendet, ist die erneuerte, dem Willen des Gesetzes nunmehr zugewandte Willensrichtung, auf deren Hervorbringung die Strafe, die erziehlich wirken will, nothwendig mit Fleiß zu achten hat.

Natürlich ist mit der beabsichtigten Conformität des eigenen und des gesetzlichen Willens hier nicht jene äußere Legalität gemeint, die ganz unabhängig von den wirklichen Motiven und Trieben des Denkens, Wollens und Fühlens zu bestehen vermag; was wir vielmehr fordern, ist der Standpunkt der höchsten Moralität, wo That und Wille qualitativ sich so sehr entsprechen, daß jene nur der nähere Ausdruck von diesem ist, so daß also der gesetzlichen That eine mit dem Gesetze übereinstimmende Gesinnung und umgekehrt der gesetzlichen Gesinnung auch die gesetzliche That entspricht.

Diese wahre Conformität also von Gesinnung und Willensrichtung mit den Vorschriften des Gesetzes muß die Strafe in der Erziehung anstreben und bei dem Zöglinge zu erreichen suchen. Oft erreicht sie dieselbe nun nicht, theils weil sie selbst nicht immer rechter Art und Anwendung war, theils weil die menschliche Natur, kraft der ihr immanenten Willensfreiheit, sonderlich im Gebiete der Sünde, sich gegen jede sittliche Einwirkung, von wo sie auch komme, abzuschließen vermag. Aber auch da, wo die Strafe bei rechter Anwendung fruchtbaren Boden, ein empfängliches Gemüth vorfindet, wird das gesteckte Ziel völliger Conformität zwischen dem Eigenwillen und dem Willen des Gesetzes nicht mit einem Schlage, vielmehr nur schrittweise und allmälig erreicht. Denn das Gesetz allmäligen Wachsthums und allmäliger Entwicklung, wie es im Gebiete des physischen Lebens schon überall gilt, gilt erst recht und ausnahmelos im Gebiete des intellektuellen und sittlichen Lebens.

„Willensrichtung", dies Wort bedeutet ja etwas durchaus Stetiges, nichts Momentanes, und kann daher naturgemäß nicht Werk eines Augenblicks sein, oder wie aus der Pistole geschossen werden. Jede Willensrichtung ist vielmehr Frucht einer ganzen Erziehung, mit allen ihren Erziehungsmitteln.

Welchen Einfluß hat denn nun aber speciell die Strafe, als Erziehungsmittel angesehen, auf die Entwickelung und

Förderung der Willensrichtung zur innerlichen Conformität mit dem Willen der sittlichen Ordnung, des Sittengesetzes? Zunächst erzeugt die Strafe in dem Gestraften jene Selbstaufmerksamkeit, jenes Achthaben auf sich selber, welches all unser Thun und Lassen begleiten soll, und das in der That eine unerläßliche Bedingung für das dem Sittengesetze stets angemessene Handeln ist. Dem Gestraften wird es und zwar in handgreiflichster Weise klar, daß er vor dem Gesetze die Verantwortlichkeit für seine Handlungen trage, daß die Folgen derselben auf ihn selbst und nur auf ihn zurück=fallen. Somit erzeugt die Strafe in dem gestraften Subjekte das rechte Selbstbewußtsein und Selbstgefühl von sich als von einem sittlichen Wesen, wie es sich nicht sowohl in der Selbstpotenzirung des eigenen Ich gegenüber dem Willen und den Forderungen des Gesetzes, vielmehr gerade in dem Streben nach Uebereinstimmung mit dem Gesetze im Fühlen, Denken, Wollen und Handeln sich be=kundet. Mit dieser freien Uebereinstimmung aber des ge=sammten sittlichen Menschen mit den Forderungen des Sitten=gesetzes ist das Ziel der Erziehung erreicht: **der Wille des Einzelnen und der des allgemeinen Gesetzes sind conform und in ihrer Rich=tung identisch.**

Ueberall und immer wird natürlich, wie oben schon angedeutet wurde, dieses Ziel der Erziehung durch die Strafe nicht erreicht. Aber auch da, wo die Strafe an dem Ge=straften selbst nutzlos und erfolglos vorübergeht, wird sie in den meisten Fällen doch nicht ganz vergeblich gewesen sein. Vielleicht wirkt sie nämlich um so mehr an der Um=gebung des Gestraften auf die, die als Augenzeugen des Strafaktes sittliche Veranlassung und Aufforderung hatten, aus dem, was an dem Gestraften sich vollzog, für sich selbst Lehre, Warnung, mit einem Worte eine angemessene Nutz=anwendung zu ziehen.

Wer daher aus der zufälligen Fruchtlosigkeit und Erfolglosigkeit der Strafe in diesem oder jenem Falle die Strafe überhaupt als fruchtlos für die Erziehung angreifen und bekämpfen wollte, würde unschwer zu widerlegen sein. Gewichtiger scheinen die Angriffe, welche man gegen die Strafe als solche vom sittlichen Standpunkte erhoben hat.

Hier nun tritt zunächst Friedrich Schleiermacher auf. Schleiermacher, den wir weiter oben schon den heftigsten Gegner der Strafe genannt haben, der nichts anderes als Mißbilligung zur Erregung der Scham als entgegenwirkendes Erziehungsmittel zugelassen wissen will, argumentirt also: Die Strafe nöthigt den Bestraften zu einen „gewissen Calcül" zwischen seiner Handlungsweise und den (sinnlich) unangenehmen Folgen derselben. Während er das sittlich Unerlaubte um des mit ihm verbundenen Angenehmen willen für den Fall seiner Straflosigkeit ohne Weiteres vielleicht gethan haben würde, unterläßt er es im Angesichte der drohenden Strafe nur in dem Calcül, daß die mit der bevorstehenden Strafe verbundene Unannehmlichkeit die Annehmlichkeit, mit welcher die Erlangung des sittlich Verbotenen verbunden wäre, überwiegt, oder doch überwiegen möchte. Schleiermacher meint offenbar, die Strafe **mindere und tilge nicht, mehre** vielmehr die Sinnlichkeit, indem sie eben zu obigem Calculus auffordere; daher enthalte sie wirklich ethische Momente nicht und sei demnach zu verwerfen. Allein abgesehen davon, daß es auch gar nicht Zweck der Erziehung ist, die Sinnlichkeit völlig zu tilgen oder übermäßig zu mindern, da vielmehr alle Erziehung darauf allein ausgehen kann, zwischen den sittlichen und sinnlichen Kräften des Menschen eine möglichst absolute Harmonie herbeizuführen und zu erwirken, hat Schleiermacher übersehen und unberücksichtigt gelassen, daß auf die **richtige Anwendung** der Strafe gar viel ankommt. Richtig angewendet wirkt selbst die ihrem Wesen nach sinnlichste Strafe, die Körperstrafe, ebensosehr auf die Erregung und Erweckung des Gewissens, als die von Schleiermacher empfohlene und allein gebilligte Mißbilligung zur Erregung der Scham. Der einzige Unterschied ist eben der, daß die Schleiermacher'sche Mißbilligung einen unmittelbaren, freien Zutritt zum Gewissen hat, die Körperstrafe dagegen immer nur dem Leibe beigebracht wird, weise angewendet aber immer so wirkt, daß der Körperschmerz sich gleichsam zum Seelenschmerz verklärt. Daß es in der That mit der von Schleiermacher hervorgekehrten angeblichen Mehrung der Sinnlichkeit durch die Strafe thatsächlich nicht so viel auf sich habe, als der große Gelehrte meinte, das erkannte unter Anderen auch Rothe, der fast zur entgegengesetzten Meinung, zur Minderung der Sinnlichkeit durch die Strafe sich bekennt, wenn er in seiner Ethik III S. 696 wörtlich sagt: „Durch die Strafe wird die noch naturnothwendig von der Sinnlichkeit beherrschte kindliche Persönlichkeit in der allein erst für sie verständlichen Sprache vor demjenigen zurückgeschreckt, wozu eben die Sinnlichkeit sie hinzieht, und zugleich ist sie für das Kind die Offenbarung des Ernstes des sittlichen Gebotes und seiner imponirenden Macht, mit der jeder Kampf vergeblich ist".

Von einem anderen als dem Schleiermacher'schen Gesichtspunkte, vom Standpunkte der Humanitätslehre werden nun gleichfalls auf die Strafe mehrfache Angriffe gemacht. Man sagt, die Strafe widerspreche der Liebe, die doch nicht bloß in der Erziehung im Ganzen, sondern auch in allen einzelnen Theilen derselben zum Princip gemacht werden und aus allen Maßnahmen der Erziehung hervorleuchten müsse. Die Liebe aber thue nicht wehe, wie die Strafe thue; ergo: fort mit der Strafe aus der Erziehung! Dieser Schlußsatz leidet daran, daß die erste Voraussetzung einen zu großen Umfang hat. Allerdings thut die Liebe nicht wehe aus Lust am Wehe Anderer; wohl aber thut sie wehe oder besser, bereitet sie Schmerz, wenn aus dem Schmerze Freude und Segen erblühen soll. Kein Mensch besinnt sich, einen Ertrinkenden selbst an den Haaren aus dem Wasser zu ziehen, ob er auch Schmerz ihm bereite: es gilt eben das Leben zu retten! Kein Arzt besinnt sich, bittere Heilmittel dem Kranken zu geben, wenn er ihn damit am Leben erhalten kann. Dieses Argument also ist nichtig! Ein anderer Einwurf gegen die Strafe in der Erziehung wird damit begründet, daß sie die Freuden des Lebens verkümmere, außerdem ziele doch jede Strafe immer nur auf die Zukunft ab, die obendrein für den Einzelnen ja unsicher und unzweifelhaft sei. Ein solcher Einwand ist geradezu kläglich. Wollte man den Eudämonismus und Hedonismus, der so in die Erziehung hineingeschleppt würde, sich wirklich gefallen lassen, die Rücksicht auf die für den Einzelnen zweifelhafte Zukunft ist geradezu unerträglich. Da wäre es ja das Beste, die Erziehung überhaupt gleich einzustellen; denn nicht bloß die Strafe, die ganze Erziehung dient ja der Zukunft.

Noch andere endlich wollen die Strafe durch angemessene Ermahnungen ersetzt wissen. Dieser Einwurf beruht auf einer gänzlichen Verkennung der Knabennatur, der Ermahnungen, besonders längere, meistens umsonst geprebigt heißen. Beim Kinde wiegen ja die sinnlichen Kräfte allen anderen vor; für abstrakte Wahrheiten hat es noch keinen Sinn; längere Ermahnungen bringen dem Kinde sein Unrecht bei weitem nicht so zum Bewußtsein, als die Strafe, welcher Art dieselbe auch sein möge. Außerdem aber würden, namentlich bei tief angelegten Gemüthern, Ermahnungen wohl dazu angethan sein, das Gewissen zu erregen und zu wecken, aber noch nicht, dasselbe wieder zu beruhigen: „Durch Nichts aber erkennt der Knabe seine Fehler so gründlich abgemacht, als durch die Strafe, in Sonderheit durch eine körperlichen Züchtigung". (Vergl. Gebrüder Paulus: Principien der Erziehung und des Unterrichts S. 361 f. f.).

Das Resultat des Bisherigen gestaltet sich in Kürze so: Weit entfernt, daß die Strafe durch die gegen sie geführten Angriffe als Erziehungsmittel erschüttert wird, hält sie dieselben vielmehr sämmtlich aus und ist als Mittel der Erziehung anzuerkennen.

Allein, wir steigen noch höher. Wir behaupten nämlich, daß die Strafe nicht bloß ein Erziehungsmittel **unter und neben** vielen anderen, daß sie vielmehr ein Erziehungsmittel **vor** vielen anderen, daß sie ein **unentbehrliches** Erziehungsmittel ist. Dies führt uns also auf die **Nothwendigkeit der Strafe in der Erziehung.**

Die Nothwendigkeit und Unentbehrlichkeit der Strafe in der Erziehung ergiebt sich aus einer zweifachen Betrachtung aus der Betrachtung der menschlichen Natur an sich, nach ihrem Wesen, überhaupt nach ihrer sittlichen Qualität, und aus der Betrachtung des Zieles, zu welchem dieselbe durch die Erziehung geleitet und gefördert werden soll. Beides also der terminus a quo alle Erziehung anhebt und der ad quem alle Erziehung abzweckt, kommen in Betracht.

Was nun die erstere, die anthropologische Frage nach dem Wesen und der sittlichen Qualität der menschlichen Natur an sich betrifft, so lauten die Antworten auf dieselbe gar verschieden. Kein Wunder! Eine so subtile Untersuchung mußte wohl die Einen zu diesem, die Andern zu jenem Resultate führen. Die ganze Weite der Differenz aber, wie sie in der Meinung der verschiedenen Parteien sich herausgebildet hat, gipfelt darin, daß die Einen die menschliche Natur, wie sie an sich ist, für sittlich rein und zwar nicht bloß actualiter, auch virtualiter und potentiell rein erachten, während die Anderen zwar auch, wie natürlich, die Thatsünde noch fern von ihr halten, dagegen doch eine verkehrte, eine prava dispositio in ihr finden, eine Disharmonie der in sie gelegten sittlichen Kräfte, eine Präponderanz der sinnlichen Natur über die sittliche, mit einem Worte das, was unter den Theologen als peccatum originale bezeichnet wird, sofern eben ein böser, verkehrter Habitus damit gemeint ist.

Als Vertreter der ersteren Ansicht tritt, wie wir oben schon angedeutet haben, auch Rousseau auf. Er leugnet das peccatum originale, die perversité naturelle ganz und gar; nach ihm ist die menschliche Natur durchaus gut und bleibt es auch in ihrer ferneren Entwickelung, wofern diese eben nur **naturgemäß** geschieht; jedenfalls kommt Alles, was Schlechtes im Menschen ist, nicht aus der Hand der Natur in ihn hinein, vielmehr allein durch Fehlerhaftigkeit und Verkehrtheit in der Erziehung. Um dieses sein Postulat **naturgemäßer** Erziehung durchzuführen, forderte Rousseau bekanntlich für seinen Musterzögling Emil absolute Trennung, vollständige, hermetische Absonderung von den gegebenen sittlichen Faktoren in Kirche, Staat und Gesellschaft, eine Forderung, die in der Unmöglichkeit ihrer Durchführung am besten einen Rückschluß auf die Unhaltbarkeit und Verkehrtheit seines Erziehungssystems überhaupt gestattet. Es ist nun freilich sehr wohl zu begreifen, wie Rousseau bei den wirklich traurigen Zuständen seines Zeitalters in Familie, Staat und Kirche dahin gelangen konnte, in der Abgeschlossenheit eines Robinson nicht bloß die unerläßliche Bedingung, sondern auch das Ideal aller Erziehung zu erblicken, so sehr, daß er behaupten und verlangen konnte: „Ich will, daß Emil selbst Robinson werde"; allein niemals darf doch, was vielleicht mit größerem oder geringerem Rechte für besondere, zudem so entartete Zustände verlangt oder doch ertragen werden könnte, zur Maxime des Handelns überhaupt gemacht werden. Eine Erziehung, die nicht die Stürme der Zeit aushalten kann, die sich vor ihnen in die Einsamkeit flüchtet, fehlt, wenn sie überhaupt noch Erziehung zu nennen ist, jedenfalls ihres Zieles und Zweckes, der Charakterbildung: Ein Talent vermag sich, wie Göthe meint, wohl in der Stille zu bilden, ein Charakter bildet sich nur im Strome der Welt (Göthe: Tasso, Aufzug 1. Scene 2.)

Auch die Philanthropisten nahmen zu der vorliegenden Frage nach dem sittlichen Wesen der menschlichen Natur eine ähnliche Stellung ein, wie Rousseau, wenn auch nicht mit gleicher Kühnheit, will man nicht sagen Verwegenheit. Daß aber auch sie den Werth der menschlichen Natur überschätzten, geht theils aus der spielenden, nicht selten sogar tändelnden

Manier hervor, mit der sie dieselbe zu gedeihlicher Entwickelung bringen zu können vermeinten, theils aus gelegentlichen direkten Aeußerungen einzelner Philanthropisten geradezu. So rühmt z. B. Villaume von sich, er habe fünf eigene Kinder auf das allerbeste erzogen, ohne jemals Strafe bei ihnen angewandt zu haben, und ähnliche Aeußerungen finden sich auch bei Campe. Sie hielten eben alle mehr oder weniger die menschliche Natur, trotz ihrer Gebrechen im Einzelnen für zu gesund, als daß es zur Heilung derselben bitterer Arznei bedurft hätte; sie glaubten, um ein geflügeltes Wort zu gebrauchen, bei Krebsschäden mit Rosenöl auskommen zu können. Die ernste und gesunde Pädagogik dagegen hat sich bei der Frage nach dem sittlichen Wesen der menschlichen Natur der Erkenntniß nicht zu entziehen vermocht, daß sie in der That von einer tiefgreifenden prava dispositio infizirt sei, die schon bei dem Kinde selbst in dem ersten Lebensjahre hervortrete und, sich selbst überlassen, Herz und Charakter mehr und mehr überwuchere. Nicht als ob das Böse im Menschen so intensiv wäre, daß es als etwas Substantielles an ihm hinge, da es vielmehr immer nur als accidentiell an ihm ist, weil sonst ja die Fähigkeit und Möglichkeit der Erziehung und Besserung überhaupt ihm genommen wäre, vielmehr nur so, daß nicht erst durch schlechtes Vorbild und Beispiel, durch nachtheiligen Einfluß und andere Umstände das Böse von Außen in den Menschen hineinkommt, ohne daß für die von Außen her corrumpirend an ihn herantretenden Faktoren innerlich auch ein gleichartiger, also wesentlich fauler Fleck, also homogener Anknüpfungspunkt und Anschließungspunkt gegeben wäre.

Der Ursprung der ganzen Meinungsverschiedenheit in dieser hochwichtigen anthropologischen Frage liegt übrigens weit über Rousseau und die Philantropisten hinaus und zurück. Schon im 4. Jahrhundert nach Christi Geburt wurde in den ebenso erbitterten als langwierigen pelagianischen Streitigkeiten die uns hier vorliegende Frage mit einer Ge-

nauigkeit und Subtilität ventilirt, die keinen Punkt der Unter=
suchung unberücksichtigt ließ. Abgesehen nun von den mannig=
fachen Spitzfindigkeiten, welche die rabies theologorum, vor
welcher späterhin selbst ein Melanchthon bangte, schon damals
in die Hitze des Streites hineintrug, war das Resultat der
Untersuchung einerseits die Negation einer ursprünglichen,
angeborenen Verderbtheit der menschlichen Natur, wie nament=
lich die freieren Seiten außerhalb der ecclesia catholica sie
annahmen, andererseits aber die Position derselben, wie die
Kirche selbst sie behauptete und mit der immer zunehmenden
Entwickelung ihres Lehrbegriffs bis in's Detail verfolgte.

Das Recht bei dieser Meinungsverschiedenheit liegt ohne
Zweifel auf Seiten derer, die an der menschlichen Natur bei
aller ihrer Anlage zu mannigfacher, namentlich sittlicher Voll=
kommenheit, doch die relative Unvollkommenheit nicht über=
sehen, wie sie sowohl in den mancherlei Gebrechen, als auch
und besonders in den mannigfachen bösen Neigungen, die
sofort gerade die noch sinnliche Natur des Kindes einnehmen,
hervortritt und die, um nicht zur Uebermacht zu gelangen,
vielmehr um auf ihr richtiges Maß herabgedrückt, oder auch
ganz ausgerottet zu werden, vor allem der Erziehung, als
systematischer Entwickelung und Bildung des Menschen zu
seiner Idee erfordert und bedarf. Daß dieser Weg von dem
Punkte des gegenwärtigen Zustandes bis zur Erreichung der
sittlichen Idee des Menschen nicht ohne Behütung und Unter=
stützung der vorhandenen guten, aber auch nicht ohne Kampf
und Reaktion gegen die gleichfalls gegebenen bösen und unvoll=
kommenen Elemente im Menschen zurückgelegt werden könne,
ist nach dem Gesagten völlig klar. Jede Reaktion aber in
der Erziehung gegen Vorhandenes, das verschwinden soll,
fällt, gleichviel ob sie leicht und zart, oder heftig und stark
auftrete, unter den Gesichtspunkt der Strafe. „Eine ent=
scheidende Stellung in der Erziehung, sagt daher mit Recht
auch Palmer (Vergl. seine evang. Pädagogik S. 345 ff)
behauptet die Strafe . . . . Alle diejenigen, welche von

göttlicher Strafe weder in der Zeit noch in der Ewigkeit etwas hören wollen, sträuben sich auch gegen die Strafe in der Erziehung"; „und doch", fährt Palmer weiter unten fort, „muß das Kind unter der Strafe die Erfahrung machen, daß es ihm nimmermehr gelingt, seinen Eigenwillen durchzusetzen gegen die Auctorität eines höheren Willens." — Man könnte auch so sagen: dem Willen des Zöglings, der sich mit Selbstbewußtsein und Freiheit dem ihm als Gebot gegenüber tretenden Willen des Erziehers feindlich entgegensetzt, muß auf unmittelbare Weise die Folge dieses bewußten und mit Freiheit der Selbstentscheidung herbeigeführten Gegensatzes gleichfalls zum Bewußtsein gebracht werden. Dies geschieht durch die Strafe. Natürlich darf sie nur Platz greifen, wo ein wirkliches Unrecht substantiell vorliegt; dazu aber gehört vor Allem, daß die That nicht aus einer, sei es physischen, sei es metaphysischen, sei es ethischen Nothwendigkeit hervorgegangen sei. Jegliche Nothwendigkeit also hebt die Strafbarkeit auf, für welche die nachgewiesene Willensfreiheit immer als unerläßliche Voraussetzung erscheint.

Hier heben wir noch eine Specialität hervor. Strafe im Allgemeinen ist also von der Energie der sittlichen Lebensordnung, wie sie in der Erziehung überhaupt und in der Zucht in's Besondere zu Tage tritt, unzertrennlich, das steht fest; wie ist es nun aber mit einer Specialstrafe, mit der körperlichen Züchtigung?

Im Alterthume, sowohl im Morgen= wie im Abendlande, spielten die körperlichen Züchtigungen eine bedeutende Rolle in der Erziehung; im Mittelalter wurde der Stock gleichfalls nicht geschont; Luther an der Schwelle der Neuzeit, wurde an einem Vormittage mehrfach wacker gestrichen, und so ging es mehr oder weniger fort bis in die neuere und neueste Zeit, wie wir oben im ersten Theile dargethan haben.

In unsern Tagen nun aber, in welchen das Humanitätsprincip, freilich nicht immer ein gesundes und glückliches,

vorherrschend betont zu werden pflegt, haben sich mit den
Gegnern gegen die Strafe überhaupt, natürlich gegen die
Körperstrafe erst recht Stimmen erhoben und gemehrt. —
Die Einen meinen, durch Körperstrafe werde das Leben
unmittelbar bedroht und gefährdet; die Anderen sehen in der
Körperstrafe eine Entehrung des Gestraften, Andere endlich
erheben noch andere Vorwürfe. Was ist dagegen zu sagen?
Einzelne solcher Vor- und Einwürfe sind offenbar hinfällig
und nichtig, sobald man sie nur anrührt; so der von der
Bedrohung von Leib und Leben durch Körperstrafe. Sind
denn Körperstrafen Mißhandlungen, die ja allerdings Ge-
fahren für das Leben nach sich ziehen können? Kommt es
denn überhaupt auf die Intensität, auf die Stärke und Menge
der ertheilten Strafe an? Mit Nichten, die Körperstrafe soll
ja, wie jede andere, eine Ehrenstrafe sein, die eben so gut,
wenn auch durch das Medium des Körpers, auf die Erregung
des Gewissens abzweckt, als die Schleiermacher'sche Mißbilligung
zur Erregung der Scham. Alles kommt hier nur darauf an,
wie die Züchtigung ausgeführt wird, und so komisch jene
Definition auch klingen mag, die Ohrfeige sei eine Handauf-
legung, die nach der Art, wie sie geschieht, ebenso viel Fleisch-
liches, wie Geistiges an sich trage, so enthält sie doch viel
Wahres und für viele eine praktische Moral. Man muß
hier eben Theorie und Praxis mit ihren realen Bedürfnissen
auch einmal zu trennen verstehen. Die Theorie stellt den
an sich ja ganz richtigen Satz auf: die Strafe muß ihrer
Art nach mit der Art des Vergehens übereinstimmen. Dieser
Satz, strenge durchgeführt, würde die Körperstrafe aus der
Erziehung, wenn nicht ganz bannen, doch auf ein Minimum
reduziren; er würde andererseits aber auch dahin führen,
auf eine höchst raffinirte Art immer neue, dem Vergehen
innerlich gleichartige Strafen zu suchen und zu entdecken.
Diesem höchst bedenklichen Modus ist die naturwüchsige Ohrfeige ohne Zweifel vorzuziehen, auch auf die Gefahr hin,
daß sie mit dem Vergehen nicht gleichartig sei, um bessen-

willen sie ertheilt wird. Wir möchten hier entschieden mit Palmer gehen, der in der Körperstrafe ein ähnliches Communikationsmittel für die Erziehung sieht, wie das Geld es abgiebt für die Bedürfnisse des gewöhnlichen Lebens. Wir verwahren uns aber vor der Mißverständlichkeit, der diese Palmer'schen Worte ausgesetzt sind, als ob die Körperstrafe so ein Universalmittel für Alles wäre: ein schlechter Arzt, der für alle seine Kranken und für alle Krankheiten nur ein und dasselbe Mittel hätte — aber das Wahre an der Palmer'schen Ansicht ist dieses, daß die Körperstrafe durch die Bedürfnisse der praktischen Erziehung oftmals und auch da gefordert und zweckmäßig ausgeführt wird, wo nach den strengen Grundsätzen der Theorie andere, vielleicht eigenartige, manchmal gewiß auch raffinirte Strafen ersonnen und angewendet werden mußten.

So viel über die Nothwendigkeit und Unentbehrlichkeit der Strafe in der Erziehung; wir betrachten nunmehr im letzten Abschnitte unserer Arbeit die Strafe in ihrer Verwirklichung oder in ihrem Vollzuge.

Hier sind es nun drei Fragen, die uns besonders zu beschäftigen haben; erstlich die: **wer straft**; die zweite: **welches sind die Arten der Strafe**; und endlich: **wann, wo und wie muß die Strafe eintreten?**

Was nun die erste Frage nach den Organen der Strafvollstreckung angeht, so handelt es sich in Genauerem darum, ob Derjenige, welcher die Strafe verhängt, auch selbst sie zu executiren habe, oder aber, ob auf besondere Strafvollstrecker, Büttel, zurückzugreifen sei.

Im Staate sehen wir die Rolle des Strafrichters und Strafvollstreckers niemals in einer Person vereinigt: der Staat hat Strafrichter und Nachrichter; ist eine solche Scheidung mutatis mutandis auch innerhalb des Strafgebiets in der Erziehung empfehlenswerth oder überhaupt zulässig? Nein, ist unsere Antwort! Dem Staate kommt es, wie wir oben entwickelt haben, bei der Strafvollstreckung principiell nur darauf an, das begangene Verbrechen zu sühnen; ob der Verbrecher durch die Strafe auch gebessert werde, ist dem Staate jedenfalls eine cura posterior. Da ist denn offenbar nichts damit gebient, wenn neben dem Strafrichter, der die Strafe ben Vergehen gemäß abmißt und verhängt, besondere Strafexekutoren fungiren, die aus praktischem Grunde an sich schon ganz nothwendig sind; ihren einfachsten Zweck erreicht die staatliche Strafe jedenfalls bei dieser Einrichtung. Ganz anders aber liegt die Sache innerhalb des Strafgebietes der Erziehung. Hier soll die Strafe, wie wir oben entwickelt haben, wesentlich und principiell auch bessern; das aber kann und wird sie nimmermehr in der Hand eines Profossen, der kaltblütig die Einzelnen durchprügelt und einsperrt; ganz davon abgesehen, daß der Erzieher allein in der Lage ist, alle die Modalitäten und besonderen Umstände, wie sie bei der Fest= setzung der Strafe für ihn maßgebend waren, auch bei der Strafausführung angemessen zur Geltung zu bringen. Der Profoß steht immer in Gefahr, eben weil er geschäftsmäßig und ohne innere Mitempfindung straft, die Strafe entweder zu hart oder zu milde zuzumessen. Er ist, mit Schleiermacher zu reden, während der ganzen Exekution eigentlich nichts, als die Verlängerung seines Stockes; straft er zu hart, so erzeugt er zudem Erbitterung im Herzen des Gestraften, statt des Vorsatzes der Besserung; straft er zu milde, so erzeugt er, sonderlich bei leichtlebigen Zöglingen, einen erneuten Reiz nach der süßen Frucht des Verbots, die um ein paar balb vorübergehende leichte Schmerzensstreiche immer noch billig genug erkauft ist.

In jedem Falle aber wird die Strafe, an dem Zöglinge durch einen besonderen Strafbüttel vollzogen, nichts als ein physischer Act sein, nicht wie es sein sollte, ein ethischer, der allein Besserung von Grund des Herzens aus wirkt. Inner= halb des Strafgebietes in der Erziehung hat darum Niemand darein zu reden, als der Erzieher selbst: er setzt die Strafe fest und er führt sie auch aus.

Es war daher gewiß kein unerheblicher Mißgriff, wenn die Jesuiten, die sonst ja gerade im Gebiete der Erziehung so Bedeutendes geleistet haben, für die Strafexekution an ihren Zöglingen besondere Profosse anstellten. Sie leitete hierbei nichts als die Absicht, das odium, welches etwa an die Strafvollstreckung sich knüpft, von sich ferne zu halten und auf den Profoß zu wälzen. Allein dieser an sich freilich ganz schlauen pädagogischen Berechnung liegt doch ein gewaltiger Irrthum zu Grunde. Die Strafe, an welche ein odium gegen den Strafvollstrecker sich knüpft, ist niemals rechter Art gewesen: sie hat ja nicht Schmerz, sondern Wehe erzeugt; sie ist an der Oberfläche des Körpers haften geblieben und hat nicht Gemüth und Gewissen erfaßt; am wenigsten hat sie — und darum hat sie eben ihren Zweck überhaupt verfehlt — im Gewissen das Bewußtsein der Schuld in Folge des begangenen Unrechtes geweckt; denn wo dies Schuldbewußtsein wirklich lebendig geworden ist, da wird, namentlich von tiefer angelegten Gemüthern, die Strafe geradezu als eine Wohlthat empfunden werden, die die begangene Schuld objektiv sühnt und Herz und Gewissen von den nagenden Qualen des Schuldbewußtseins subjektiv erleichtert und befreit.

So wird, wie gesagt, die Strafe für das Gemüth geradezu eine Wohlthat. Wird sie aber als eine solche nicht immer um vieles leichter und eher zum Bewußtsein gelangen und empfunden werden, wenn das Kind von eben demselben Manne, dem es in täglichem Verkehr bald abgemerkt hat, wie ihm sein Wohl und Wehe, seine sittliche Entwickelung zur Vollkommenheit, überhaupt sein Wachsen und Zunehmen in allem Guten und Edlen geradezu Herzenssache ist, aus dessen Hand es nur Gutes, aus dessen Munde es nur Liebes empfangen und zu vernehmen gewohnt ist, — wir sagen: ja, wenn das Kind von eben diesem Manne seine Strafe empfängt und nicht von einem anderen, den es von vorne herein nicht anders als mit Furcht anzusehen sich gewöhnt hat! Wir murren ja auch nicht, wenn Unglücksfälle, wenn harte Schläge uns treffen aus der Hand Gottes; wir wissen, wer uns sonst nur Gutes erweist, kann auch mit ernster Heimsuchung nur unser Heil fördern wollen: ebenso das Kind in seinem Verhältniß zu seinem Erzieher.

Es steht also unzweifelhaft fest: Der Erzieher selbst ist das ausschließliche Organ der Strafvollstreckung; allein es erhebt sich nun die Frage, wer ist denn als Erzieher anzusehen?

In unsern Tagen macht sich im allgemeinen das Bestreben geltend, möglichst wenige als Erzieher gelten zu lassen und anzuerkennen. Dieser Grundsatz hat gewiß auch seine Wahrheit: wie viele Köche den Brei verderben, so würde auch ein Kind in der Hand vieler Erzieher mindestens nicht die einheitliche Entwickelung erhalten, wie wir sie für Jeden fordern müssen; allein überhaupt und auf die Spitze getrieben, bekommt dieser Satz eine unerträgliche Einseitigkeit und die ist es, die wir an ihm tadeln.

Viele wollen als Erzieher der Kinder ausschließlich die Eltern gelten lassen und wenden sich namentlich gegen die Lehrer, welchen sie das Recht der Erziehung, meistens gerade um des Strafrechts willen, bestreiten; die Aufgabe der Lehrer soll nach ihnen wesentlich eine didaktische sein, und nur eine solche. Diese Auffassung, der man im gewöhnlichen Leben und nicht selten auch in der Presse begegnet, verkennt ganz und gar das Wesen und den Beruf der Schule. Die Schule ist in erster Linie nicht L e h r anstalt, sondern E r z i e h u n g s anstalt. Lehranstalt ist sie erst sekundär; ist sie aber Erziehungsanstalt, so sind ihre Organe auch zweifelsohne Erzieher, ganz in gleichem Maaße, mit denselben Rechten und Pflichten innerhalb der Schule, wie die Eltern innerhalb des Hauses. Ja, wie die Gesetzgebung unserer Tage liegt, werden wir dem Lehrer das Erziehungs- und was daraus unmittelbar folgt, das Strafrecht um so mehr zu vindiziren haben, als der Staat das noch unmündige Alter, welches sich der Tragweite seiner Handlungen und ihres Verhältnisses zur Straf-

gesetzgebung noch nicht klar bewußt ist, von seiner Juris=
diktion freigegeben hat. Damit ist der Erziehung offenbar
gegen früher eine noch umfangreichere Aufgabe gesteckt, und
ihr nicht bloß zur Pflicht gemacht, sorgsam darüber zu
wachen, daß Vergehen möglichst vermieden werden, sondern
auch, daß dieselben, wo sie gleichwohl vorkommen, angemessen
geahndet werden.

So viel über die Frage, wer zu strafen habe; die
nächste Untersuchung hat zu ermitteln, welches denn die Arten
der Strafe sind, zu denen der Erzieher greifen darf.

Die Alten waren bekanntlich in der Anwendung aller
nur möglichen Strafarten in der Erziehung einerseits eben=
sowenig scrupulös, als andererseits erfinderisch bis zur
Raffinirtheit. Alles, was nur Schmerz bereiten, was wehe
thun, was verletzen konnte, stand möglichst ausführlich in
dem Strafcodex eines jeden Erziehers. Schläge und Schimpf=
wörter und Vorwürfe, selbst verletzende Spottreden von
unverschuldeten körperlichen Fehlern und Gebrechen her=
genommen, Alles wurde in das Strafregister hineingezogen
und praktisch verwendet. Etwas ganz Gewöhnliches, nnd
zwar bis in die neueste Zeit, war es, Kinder gebeugten
Kniees auf Erbsen zur Strafe ruhen zu lassen, oder ein
Eselsbild ihnen umzuhängen auf Brust oder Nacken, oder
den Stock und die Strafruthe sie öffentlich hoch halten,
endlich — und hier grenzt die Praxis an die Lächerlichkeit
— auf einem Fuße nach Art der Gänse sie längere oder
kürzere Zeit stehen zu heißen, oder auch auf sich selbst sie
lächerliche und schimpfliche Verse, manchmal sogar lange
Gedichte entweder selbst machen oder doch recitiren zu lassen.
Diesem Talente, neue und immer neue Strafarten aufzu=
finden, begegnen wir das ganze Mittelalter hindurch; selbst
die Reformation, so mächtig sie auch auf die Um= und Neu=
gestaltung vieler Verhältnisse des praktischen Lebens wirkte,
vermochte das Uebermaaß der Strafpraxis nicht zu beseitigen.
Haben wir doch oben gesehen, daß selbst in Musterschulen,

wie in der Goldberger, die Lyra und der Asinus eine bedeutsame Rolle spielten. Selbst auf Kosten der Gesundheit wurden Strafen angewandt, wenn sie nur möglichst intensiv waren; so das bekannte Schlafen auf bloßer Erde, selbst zur Winterzeit.

Die verschiedenen methodi scholarum damaliger Zeit füllten das Maaß der anzuwendenden Strafen bis zum Ueberlaufen. „Quae, qualia, quanta" ruft man unwillkürlich aus, wenn noch anno 1618 in dem Hessischen Schulmethodus feierlich bestimmt wurde, allzu unbändige Schüler und Gesellen zur Strafe in die Arbeitshäuser oder „ad metalla" zu schicken. Auch im Frankfurter Gymnasium war die Strafe des Arbeitshauses für „besonders ausgezeichnete" Verbrechen sanctionirt.

Einen wirklichen Umschwung in dieser ebenso barbarischen als pädagogisch verderblichen Praxis brachten erst die Pietisten und Philanthropisten hervor.

Die Pietisten stellten den richtigen Grundsatz auf, alle Erziehung müsse nicht von außen nach innen, umgekehrt vielmehr, von innen nach außen anheben. Grausame, zu harte Körperstrafen müßten eben schon deswegen verlaßt sein. Darum wollte Francke, daß jeder Körperstrafe immer mehrfache Ermahnungen und Warnungen vorausgehen müßten; erst wenn diese erfolglos blieben, seien Körperstrafen zulässig.

Schimpf- und Spottreden aber, und was sonst Wehe bereite, wollte er aus der Strafpraxis gänzlich gebannt wissen. Daß vernünftige, maßvolle Strafe andererseits nöthig und unentbehrlich für den Erzieher sei, das konnte für Francke nach seiner anthropologischen Anschauung vom Wesen des natürlichen Menschen keinen Augenblick zweifelhaft sein.

Die Philanthropisten, wie gesagt, haben mit den Pietisten gemeinsam das Verdienst, dem Uebermaß der Strafanwendung innerhalb der Erziehung zuerst gesteuert zu haben. Die Philanthropisten mußten ganz natürliche Gegner, wenn auch nicht gerade jeder, so doch jeder heftigen, vollends jeder übertriebenen Strafe sein. Bei ihrer Ueberschätzung oder doch Hochschätzung der menschlichen Natur an sich mußten sie mit milden Mitteln in der Erziehung auskommen können. Daher posaunte denn auch Basedow in seiner renommistischen Weise die angebrochene Aera der Philanthropisten als das Manna vom Himmel aus: im Philanthropin gebe es nur Humanitätsprincipien, die barbarische Praxis der Vor- und bisherigen Zeit sei überwunden. Und doch zeigt uns Stark, (Geschichte des deutschen Volksschulwesens S. 203), daß auch die Philanthropisten in der That nicht zu leisten vermochten, was sie mit dem Worte versprachen. Selbst im Philanthropin zu Dessau sollen Strafnüancirungen vorgekommen sein, wie man sie von dem großsprecherischen Basedow nicht hätte erwarten dürfen: so das Reiben des Rückens der Schüler mit scharfen Bürsten, auch die Carcerstrafe bei Nacht und das Schildwachstehen unter freiem Himmel. Andererseits läßt sich doch auch das Tändelnde der ganzen philanthropistischen Erziehung diesen Strafarten sehr wohl abschmecken.

Heinrich Campe in seinem Revisionswerke macht ferner ganz bestimmte Vorschläge hinsichtlich der anzuwendenden Strafarten. Nach ihm sollen deren drei unterschieden werden: die physisch-natürlichen, d. h. diejenigen, welche unmittelbare, natürliche Folgen der bösen Handlung sind; die moralisch-natürlichen, d. h. solche, die als sittliche Folgen der bösen Handlung erscheinen; endlich die arbitrarischen Strafen oder solche, die als positive Strafen aus dem Willen des Erziehers hervorgehen.

Der große Kant wollte alle Strafen unter die beiden Arten der physischen und ethischen subsummirt wissen. Physische Strafen sollten nach ihm erstlich die Körperstrafen umfassen, aber auch jede Versagung dessen, was Jemand dringend begehre; die ethischen Strafen fänden ihr Gebiet im Streben nach Ehre, die versagt werde, im Streben nach

Beliebtheit, die zurückgehalten werde: so nämlich werde
Scham durch sie, also etwas wesentlich Ethisches, erzeugt.
Die ethischen Strafen seien den natürlichen weit vorzuziehen;
denn diese erzeugten einen servilen Charakter und eine Mieth=
lingsgesinnung.

Herbart statuirt gleichfalls eine Duplicität von Strafen:
Strafen der Regierung und der Zucht; jene sollen abzwecken
auf die Erhaltung und Wiederherstellung der Ordnung, diese
auf Mehrung und Festigung des Charakters.

Zuletzt kommt Schleiermacher. Schleiermacher, so sehr
er principiell auch feind jeder Strafe in der Erziehung ist,
muß, wie oben schon angedeutet, sie doch als Nothbehelf,
als ein, wenn auch bedenkliches, Vertheidigungsmittel der
gemeinsamen Ordnung dulden, „dessen man nicht entrathen
könne, weil es nicht möglich sei, zu warten, bis eine andere
Weise entdeckt sei, bei der Jugend die Störung des gemein=
samen Lebens zu hindern." Die Arten der Strafe, die
Schleiermacher, nachdem er die praktische Nothwendigkeit und
Unentbehrlichkeit der Strafe überhaupt einmal anerkannt
hatte, gleichfalls aufzustellen genöthigt war, sind im wesent=
lichen vierfach: die erste Art umfaßt die Strafen durch
körperlichen Schmerz. Hierher gehört nicht bloß die körper=
liche Züchtigung, vielmehr auch jede Beschränkung der Sinn=
lichkeit. Die zweite Art umfaßt die Freiheitsstrafen, durch
welche die Freiheit also theilweise oder ganz entzogen wird.
Die dritte Strafart knüpft sich an den Thätigkeitstrieb, der
durch sie entweder beschränkt oder angespannt werden soll;
die vierte an den Trieb nach Ehre und Ansehen, der durch
die betreffende Strafe wiederum vermehrt oder vermindert
werden soll.

Sollen wir unsere eigene Ansicht über die verschiedenen
Strafarten in der Erziehung äußern, so müssen wir uns
neben vielen Anderen für die Duplicität entscheiden: wir
verlangen Körper= und Ehrenstrafen, entsprechend der dop=
pelten Art des Schmerzes, dessen Erregung Zweck der Strafe

ist, des sinnlichen und des sittlichen Schmerzes. Beide, Körper- und Ehrenstrafen, verhalten sich aber nach unserer Auffassung, was wir ausdrücklich hervorheben, nicht exclusiv: auch die Körperstrafe hat den höheren und höchsten Zweck, auf die Ehrenhaftigkeit zu wirken und nur, wo sie diesen Zweck erreicht, da ist sie im vollen Sinne des Begriffs wirksam.

Natürlich verstehen wir unter Körperstrafe nun nicht bloß Züchtigung mit Ruthe oder Stock, die vielmehr nur die am meisten brasilische Form derselben sein kann, sondern auch und überhaupt jede unangenehme Einwirkung auf den Körper, jede Störung des körperlichen Wohlbefindens, mag sie durch Entziehung der Speise oder Freiheit oder positiv durch Auferlegung irgend welcher Last verursacht werden.

Ehrenstrafen dagegen nennen wir alle die, welche das Bewußtsein der Schuld erregen, der sittlichen Untüchtigkeit überhaupt; auch die, welche Schmerz bereiten unmittelbar durch Schädigung der Ehre und des Rufes selber.

Was unter diese beiden Strafarten der Körper- und Ehrenstrafen sich nicht ungezwungen subsummiren läßt, ist füglich als ungesund und für die Erziehungsstrafen unangemessen auszuscheiden. Hierher rechnen wir vor Allem die viel beliebte Auferlegung gewisser Leistungen, vulgo Strafarbeiten, zum Zweck der Strafe. Zwar ist ja gar nicht zu leugnen, daß solche Strafarbeiten für die Erweiterung der Kenntnisse und auch sonst wie fördernde Elemente in sich enthalten können, wie jede andere Arbeit, allein das verkehrte und pädagogisch verderbliche liegt auch gar nicht in der Arbeit an sich, sondern in dem Zwecke, den sie verfolgt. Die auferlegte Arbeit wird eben nur zum Zwecke der Strafe auferlegt; Fleiß und Aufmerksamkeit, die ihrem Wesen nach doch nur zur Ausbildung verwendet werden dürfen, gehen, in den Dienst der Strafe gestellt, in einen ihrer Bestimmung wesentlich fremdartigen und darum verabscheuungswürdigen Zweck auf; die Folge einer solchen Praxis ist nicht Lust und Liebe zur Arbeit, vielmehr Ekel und Widerwillen gegen dieselbe.

Es bleibt also dabei: Alle Strafe sei entweder Körperstrafe oder Ehrenstrafe. Welche von beiden Arten jedesmal anzuwenden ist, dafür bedarf es einer speciellen Diagnose des zu bestrafenden Vergehens nach seiner Natur und seinem Wesen; ebenso müssen die das Vergehen begleitenden Umstände sorgfältig erwogen werden und, was die Hauptsache ist, die Natur und das Wesen des zu bestrafenden Objekts: Eines schickt sich nicht für Alle!

Eine bestimmte Norm läßt sich da nicht a priori aufstellen; jeder einzelne Fall will eben einzeln geprüft werden. Gleichwohl ließe sich vielleicht der Grundsatz vertheidigen, daß für die ganz frühe Jugend, die noch im Stadium der dominirenden Unvernunft sich befindet, vorzugsweise körperliche Strafen anzuwenden sein möchten, daß dagegen mit der wachsenden sittlichen und geistigen Capacität die Ehrenstrafen überwiegend in den Vordergrund treten müssen; ja es wird eine Grenze geben, über welche hinaus körperlich gar nicht mehr gestraft werden darf.

Es ist noch übrig, über die Arten der Strafe innerhalb des Staates in Kürze zu handeln.

Der Staat hat natürlich auch und erst recht die Pflicht, die von ihm adoptirte Lebensordnung aufrecht zu erhalten und zu schützen. Ja, er wird um so mehr Interesse haben, diese seine Lebensordnung unversehrt zu erhalten, je umfassender dieselbe ist. Der Staat bedarf also gegen etwaige Eingriffe in dieselbe der Strafe, und zwar, wie in der Erziehung, der Körper- und der Ehrenstrafe. Dieses kann keinem Zweifel unterliegen. Dagegen erscheint hinsichtlich der Körperstrafen das Maaß und die Grenze zweifelhaft, die bei ihrer Anwendung etwa zu beobachten sind. Es zeigt sich dieses am deutlichsten bei der größten und intensivsten Körperstrafe: der Todesstrafe. Hier, meinen die Einen, sei dem Staate eine Grenze gesetzt, die er nicht überschreiten dürfe: am Körper möge er strafen, aber nicht unmittelbar am Leben. Die

Anderen dagegen meinen, auch das Leben des Einzelnen stehe unter Umständen in den Händen der staatlichen Obrigkeit; demnach sei die Todesstrafe zu statuiren. Hierfür spreche vor Allem das jus talionis, welches mit demselben Maße wieder messe, mit dem man selbst gemessen habe; hierfür spreche auch die göttliche Satzung, die auf frevelhaft vergossenes Menschenblut apodiktisch keine andere Strafe setze, als einfach den Tod des Mörders.

Das erste Argument, welches von dem jus talionis hergenommen ist, hat in der That eine starke Beweiskraft gerade im Gebiet der staatlichen Strafe, die, um Abschreckung und Besserung des Verbrechers weniger besorgt, zunächst die Wiederherstellung der verletzten Gerechtigkeit bezweckt. Wird also das Gesetz blutig verletzt, so mag es auch blutig gesühnt werden; die Gerechtigkeit beginge ja eine Ungerechtigkeit, wollte sie dem Mörder eine größere Schonung angedeihen lassen, als dieser seinem Opfer widerfahren ließ. Das andere Argument dagegen, welches von den bekannten Mosaischen Worten hergenommen wird: „Wer Menschenblut vergießt, des Blut soll auch durch Menschen vergossen werden" (Gen. 9, 6) ist hinfällig und beruht nur auf einer Mißdeutung in der Interpretation der Stelle, für welche Mißdeutung die lutherische Uebersetzung wohl den Ursprung gegeben hat. Die hebräische Sprache nämlich ist überaus arm an besonderen Verbalformen für die einzelnen Zeiten; so arm, daß, im Grunde genommen, sie nur zwei bestimmt ausgeprägte Hauptformen hat: das Präsens und das Imperfectum. Letzteres bezeichnet stellvertretend sowohl den Imperativ, für den übrigens auch noch eine besondere Nebenform existirt und das Futurum. Wenn daher im hebräischen Urtexte an der betreffenden Stelle der Genesis das Imperfectum gesetzt ist, so ist die Berechtigung, mit Luther es durch den Imperativ zu übersetzen, an sich wohl gegeben; allein theils der Umstand, daß von dem Verfasser der Genesis der Imperativ einfach nicht gesetzt ist, obschon doch eine solche, besonders ausgeprägte Sprachform existirt, sodann der ganze Zusammenhang entscheiden gegen die imperativische Uebersetzung, für welche gewiß richtig die Uebersetzung durch das Futurum antritt: nicht **soll** sondern **wird** vergossen werden. — Es handelt sich nämlich an der citirten Stelle nicht sowohl um ein religiöses, für alle Zeiten sorgfältig zu bewahrendes Gebot, als vielmehr um eine der damaligen Zeit zur Beobachtung gegebene Institution, die im Laufe der Jahrhunderte je nach der Veränderung der Zeitverhältnisse, selbst Aenderungen erfahren konnte und durfte. Für diese Fassung des hebräischen Imperfects im Sinne nicht des Imperativs, vielmehr des Futurums an citirter Stelle spricht übrigens auch die Uebersetzung der Vulgata, die also lautet: „quicunque effuderit humanum sanguinem, fundetur sanguis illius". Dieses Argument spricht also für die Todesstrafe nicht mit Sicherheit, überhaupt nicht zwingend. Dagegen lassen sich nun gegen die Anwendung derselben doch auch recht gewichtige Momente geltend machen, namentlich das, daß der Staat, ob ihm auch die Besserung des Verbrechers durch die Strafe nicht principaliter, vielmehr nur modaliter — nach Hegel — am Herzen liegt, doch niemals eine solche Strafe festsetzen dürfe, welche dem Verbrecher jede Möglichkeit der Besserung abschneidet. Auch dem größten Verbrecher ist der Weg zur Umkehr immer offen gelassen, und eine Strafe, die diesen Weg abschneidet, geht über ihre Bestimmung hinaus, ja läuft derselben sogar zuwider. Der Hegel'sche Rigorismus sieht natürlich folgerecht in der Verwerfung der Todesstrafe eine unzeitige Sentimentalität; allein wenn sie aus dem Grunde verworfen wird, um einem, wenn auch verbrecherischen Menschen, die Möglichkeit der Besserung zu erhalten, so scheint der Vorwurf der Sentimentalität doch nicht ganz zutreffend zu sein.

Interessant ist die Auffassung Schleiermachers über die Todesstrafe im Staate. Schleiermacher ist, das bedarf nicht erst eines Wortes mehr, ein ausgesprochener Gegner der Todesstrafe, wie ja auch viele Andere; allein seine Beweisführung dürfte einzig bastehen. Schleiermacher bekümmert sich nämlich weder um das jus talionis, welches die Todesstrafe fordert, noch um die Erhaltung der Möglichkeit zur Besserung für den Verbrecher, welche die Todesstrafe abweis't. Er faßt den Baum bei der Wurzel an und behauptet, der Staat habe gar keine Berechtigung über Jemanden die Todesstrafe zu verhängen (Schleiermacher Ethik, ed. Jonas S. 248.) Was man nämlich, sagt Schleiermacher, sich selbst nicht zufügen darf, das darf man auch einem andern nicht als Strafe zufügen und auferlegen. Nun darf man sich selbst nicht den Tod zufügen; mithin schließt er — „sollte auch im Staate, wenigstens in dem christlichen, die Todesstrafe gar nicht vorkommen"! Ganz recht, wir unterschreiben dies gerne; aber nicht aus dem Grunde, wie Schleiermacher will, sondern weil im christlichen Staate eben kein Mord und Todtschlag vorkommen sollte.

Nach Schleiermacher dürfte man in einfacher Conse= quenz seines Obersatzes „man dürfe Niemandem als Strafe auferlegen, was man sich selbst nicht zufügen dürfe" auch Niemandem eine Ehrenstrafe auferlegen; denn auch an seiner Ehre darf man sich selbst nichts schädigen und verkürzen. Dem Resultate nach stimmen wir mit Schleiermacher darin überein, daß wir uns zwar nicht, wie er, gegen die Todes= strafe, aber doch gegen die Vollstreckung derselben aussprechen, nicht etwa, weil wir dem Staate die Berechtigung zur Aus= übung derselben nehmen möchten, auch nicht, weil wir dieselbe aus Sentimentalität nicht zu ertragen vermöchten, vielmehr nur, weil mit der Todesstrafe die Möglichkeit zur Besserung für den Verbrecher absolut genommen ist. Principiell halten auch wir an der Todesstrafe fest: das jus talionis verlangt sie, und principiell kann auch der Staat niemals auf sie verzichten. Er spreche vielmehr über den Mörder den Tod aus — er vollstrecke die Strafe aber nur selten, er begnadige öfter: so wird das Princip der Todesstrafe gewahrt, zugleich aber auch die Möglichkeit der Umkehr und Besserung für den Verbrecher gerettet.

Wir kommen nun zu der letzten der oben angekündigten drei Fragen: wann, wo und wie die Strafe in der Erziehung einzutreten habe.

Hier ist als oberste Norm der Satz aufzustellen: strafe möglichst wenig und erst dann, wenn die übrigen Erziehungsmittel fruchtlos erschöpft sind. Wer diese Norm vergißt und alles Heil so zu sagen auf die Strafe setzt, spielt mehr die Rolle des Lictors, als die des Erziehers. Der geschickte Arzt wendet für seine Kranken zuerst immer möglichst milde Mittel an; erst wenn die Krankheit diesen nicht weichen will, stärkere und die stärksten. Dasselbe Gesetz gilt für den Erzieher.

Es ist ihm daher Pflicht, das jedesmal vorliegende Vergehen nach seinem Wesen und seiner Natur mit scharfem Blick zu prüfen, und eigentlich nur dann und da, wo Gefahr ist, daß eintretende Straflosigkeit die Erreichung des Zieles und des Zweckes der Erziehung gefährden möchte, ist Strafe unbedingt nöthig. Wo also der eigene Wille sich zwischen das zu bestrafende Subjekt und den Willen des Sittengesetzes störend dazwischenstellt und das Aufgehen des ersteren in den Willen des letzteren hemmt, mit anderen Worten: wo verkehrter, unsittlicher Wille die Entwickelung des Menschen zu seiner Idee, die Förderung seiner sittlichen Anlagen und Kräfte zur absoluten Vollkommenheit zu hindern sucht, da ist der Kampf gegen denselben mit der Strafe zu führen. Hierher gehören die Störungen der sittlichen Entwickelung zur Vollkommenheit durch Trägheit, nicht minder durch zügellose Genußsucht, durch Ungehorsam und Widerspenstigkeit, namentlich aber durch unlauteres Gebahren, durch Lügenhaftigkeit. Sind Trägheit und Genußsucht in ihren mannigfachen Formen und Gestalten immerhin ein gefährlicher Hemmschuh für die sittliche Entwickelung zur Vollkommenheit, so hebt die Lüge die höchste, oberste Bedingung dieser Entwickelung, die Wahrhaftigkeit geradezu auf. Sie ist daher vor Allem strafwürdig.

Nicht minder gehört in das Gebiet unbedingter Strafwürdigkeit alles das, was als Conflikt zwischen dem vollkommenen Willen des Sittengesetzes und dem in seinen Rechten sich **überschätzenden**, den Nächsten in seinen Ansprüchen und Rechten **unterschätzenden** Selbstwillen erscheint. Wir zählen hierher die Vergehen gegen das Eigenthum des Nächsten, mögen sie bis zur ausgeprägten That, zum Diebstahl gelangen, oder aber in der Gesinnung und im Gemüth haften bleiben, also als Neid oder boshafte Mißgunst sich charakterisiren, endlich auch und vor Allem die Rachsucht.

Was sich dagegen nicht als beabsichtigte, selbstbewußte Feindschaft zwischen dem Eigenwillen des Ich und dem Willen des Sittengesetzes offenbart — das erklären wir für **straffrei**. Dahin gehören auch mancherlei Handlungen, die objectiv angesehen, Verstöße gegen das Sittengesetz begründen, die aber nicht aus beabsichtigter Opposition, vielmehr aus Unkenntniß, aus Ungeschicklichkeit, aus Mangel an Einsicht hervorgehen, denen also der eigentlich strafbare dolus fehlt. Verstöße gegen die gute Sitte, gegen die Eleganz und Feinheit der Gesellschaft, Härten und Rauhheit des Charakters, denen allen eben keine sittliche Depravation des Willens, vielmehr theils Unerfahrenheit, theils eine nur unseren civilisirten Anschauungen lästige Ungeschicklichkeit zu Grunde liegt, werden durch die Macht des Vorbildes, durch angemessene Belehrung u. s. w. leicht und allein richtig abgeschliffen werden, strafend gegen sie einzuschreiten, hieße wenigstens oft die Natur in ihrem eigenartigen Schaffen stören und hemmen.

Beantworten wir nun schließlich in Kürze die Frage: **wie ist zu strafen.**

Auch hier läßt sich ein allgemeiner Satz aufstellen: alle Strafe ist so einzurichten, daß sie in der Erscheinung ihres Seins ihrem Wesen, als sittliche Reaktion gegen das Böse, als Bestätigung des Sittengesetzes entspreche. Sie geschehe also und vollziehe sich nie im Zorne. Wer im Zorne straft, wird leicht zu heftig strafen und den berechtigten Verdacht wecken, als strafe er nicht, um dem verletzten Sittengesetze Genugthuung zu verschaffen, sondern seiner eigenen Leidenschaft. Ebensowenig aber strafe man willkürlich: die Strafe ist vielmehr so einzurichten, daß sie dem Vergehen entspreche und demselben allemal angemessen sei. Nach der sorgfältig abzuwägenden Schuld richte man das Strafmaß gewissenhaft ein; anders bessert die Strafe nicht, wenigstens nicht von innen heraus, erzeugt vielmehr statt Ergebung in den Willen des Sittengesetzes Bitterkeit und Auflehnung.

Dies wären etwa die negativen Bedingungen für die angemessene Einrichtung der Strafe.

Positiv würden wir fordern, daß der Erzieher, so sehr er Zorn und Aufwallung zu vermeiden hat, doch in einer maßvollen sittlichen Erregtheit bei Ausübung der Strafe sei. Der Zögling muß ihm anmerken und abmerken, wie der heilige Wille des Sittengesetzes, der in der Person des Lehrers ihm gewissermaßen personificirt gegenübertritt, durch ihn verletzt ist. Ein Erzieher, der wie ein Büttel mechanisch straft, ist nach Schleiermacher's treffender Bezeichnung eben nur die Verlängerung seines Stockes. Um daher zwischen diesen beiden Gegensätzen aufbrausender, zorniger Leidenschaftlichkeit und stoischer, theilnahmloser Gleichgültigkeit die richtige Mitte zu halten, wird die Strafe dem Vergehen nicht zu schnell, aber auch nicht zu langsam folgen müssen. Ein angemessener Zeitraum zwischen Vergehen und Strafe gewährt außerdem den großen Segen, daß dem zu Bestrafenden Zeit gegönnt ist, bei sich einzukehren und Selbsterkenntniß zu gewinnen, allemal also die seiner wartende Strafe in der richtigen Gemüthsstimmung auf- und anzunehmen.

Der oben abgewehrten Willkür ferner in Ausübung der Strafe, entspricht positiv das Postulat des Bewußtsein's der eigenen Verantwortlichkeit für dieselbe von Seiten des Erziehers. Hier liegt nämlich die Gefahr vor, daß der Erzieher, weil er dem Zöglinge, der die Strafe erhält, nicht Rede und Antwort über dieselbe zu stehen hat, sich überhaupt von jeder Verantwortlichkeit für dieselbe leicht freispricht. Und doch ist das Bewußtsein seiner eigenen Verantwortlichkeit für die zu ertheilende Strafe dem Erzieher geradezu unentbehrlich, will er nicht selbst in Gefahr sein, durch unangemessene, sei es zu leichte, sei es zu schwere Abwägung derselben, selbst das Sittengesetz, welches auch für den zu Bestrafenden das „suum cuique" fordert, zu verletzen. Die Prüfung der Größe der Schuld ist daher hier unerläßlich; ihr muß, wie oben schon bemerkt, die Strafe augemessen werden. Ebenso aber muß aus eingehender, allseitiger Prüfung des Wesens und der Natur des zu bestrafenden Vergehens qualitativ die angemessenste Strafe abgeleitet werden. So weit es ohne ein besonderes Raffinement möglich ist, muß die Strafe dem Vergehen möglichst adäquat und gleichartig sein: am besten, wenn sie dem Zöglinge selbst als unmittelbar natürliche Folge seines Vergehens zum Bewußtsein gebracht wird.

Ein weiterer, überaus wichtiger Grundsatz ist hier der: strafe indivualiter, also mit Berücksichtigung des Alters, der Bildungsstufe, der sittlichen Eigenart; ferner mit Berücksichtigung des Geschlechts; ferner mit Berücksichtigung der äußeren, das Vergehen begleitenden Umstände. Denn hier trifft, wie wohl nirgends mehr, das bekannte Wort zu: „duo si faciunt idem, non est idem".

Nicht minder wichtig für die pädagogische Strafpraxis ist die berechtigte Forderung, immer erst mit der mildesten Strafe anzuheben und erst, wenn sie nicht verschlagen will, allmälig die Strafe zu verstärken; überhaupt mit den zu Gebote stehenden Zucht= und Strafmitteln überaus sparsam zu sein. Es ist anderenfalls nämlich die unausbleibliche Folge, daß die Strafmittel sich zu schnell erschöpfen und ihre Kraft verlieren; ja ein Erzieher der viel und sehr viel straft, büßt entweder die Sünden seiner Vorgänger im Amte der Erziehung, die vieles schlecht gemacht haben müssen, oder aber er motivirt gegen sich selbst den Verdacht pädagogischer Unreife und Unfertigkeit, sei es, daß er im Gebiete der Didaktik seinen

Zöglingen Aufgaben stellt, denen ihre geistige Fähigkeit und Kraft nicht gewachsen ist, sei es, daß er im Gebiete der Disciplin jenes Faktors entbehrt, ohne den Zucht nicht geübt werden kann: der geistigen Auctorität.

Dies dürften die wichtigsten Momente sein, die bei der Abmessung und Einrichtung der Strafe zu beherzigen sind. Bei völligem Zusammenschluß derselben wird die Strafe allemal ihrer thatsächlichen Erscheinung und ihrem Wesen, ihrer Idee nach, zusammenstimmen; sie wird sein, was sie sein soll: eine sittliche That, eine That der zwar zürnenden Liebe, aber doch immer der Liebe, die Anderen Schmerz nicht ohne eigenen Schmerz, immer aber in der Absicht bereitet, daß später Freude daraus hervorgehe.

Das Gebiet der Zucht, der Strafe in der Erziehung in Sonderheit ist, so viel wird aus dem Gange der ganzen Abhandlung klar geworden sein, ein sehr zartes, subtiles, auch ein sehr schwieriges Gebiet, das für eine fehlerfreie Behandlung eine sichere, kundige Hand erfordert. Denn ob auch nicht mit Sicherheit vorher gesagt werden kann, daß und in wie weit zweckmäßig angewandte Strafen allemal nützen — so viel kann vorhergesagt werden, daß übel eingerichtete Strafen allemal schaden. Daher: „Videant Consules, ne quid res publica detrimenti capiat!"

Benutzte Litteratur:

Bormann, Schulkunde; Brüstlein, Luthers Einfluß auf das Volksschulwesen und den Religionsunterricht; Dittes, Geschichte der Erziehung und des Unterrichts; Fürer, die Todesstrafe; Hegel's Ansichten über Erziehung und Unterricht, herausgegeben von Thaulow. Locke, Some Thoughts concerning Education; Löschke, Valentin Trotzendorf nach seinem Leben und Wirken; Palmer, evangelische Pädagogik; Raumer, Geschichte der Pädagogik; Rothe, Ethik; Schmid, pädagogische Encyclopädie; Schütze, evangelische Schulkunde; Schwarz und Curtmann, Erziehungs- und Unterrichtslehre; Volkenrath, die Pädagogik Herbart's und Schleiermacher's, eine Programmschrift; Wiese, Gesetze und Verordnungen für das höhere Schulwesen in Preußen; Wohlfarth, pädagogisches Schatzkästlein; Theile der Bibliothek pädagogischer Classiker, eine Sammlung der bedeutendsten pädagogischen Schriften älterer und neuerer Zeit; unter Mitwirkung mehrerer Schulmänner und Gelehrten herausgegeben von Beyer; (aus dieser Sammlung insbesondere: Schleiermacher's pädagogische Vorlesungen, gesammelt von Platz).